Gabriela und Gerhard Poggenpohl

Der Wok

Verführung zum Besonderen

Gabriela und Gerhard Poggenpohl

Der Wok

Verführung zum Besonderen

EDITION XXL

Inhaltsverzeichnis

Vorwort

Marktforschungen haben ergeben, dass der Wok voll im Trend liegt.

Die Menschen werden wieder genussorientierter und schätzen ein leichtes, feines und gesundes Essen und, wenn möglich, in geselliger Runde.

Essen wird wieder zum Erlebnis.

Gerade bei jungen Leuten ist Essen und vor allem auch das gemeinsame Kochen mit Freunden sehr beliebt. Speisen gemeinsam zubereiten ist – mit immer größer werdender Beliebtheit – eine kommunikative und kreative Freizeitgestaltung.

Essen ist nicht nur Nahrungsaufnahme, es sollte bewusst erfolgen und Freude bereiten. Nur dann ist es bekömmlich, vor allem auch Ihrer Figur.

Der Wok bietet all das durch seine Vielfältigkeit. In diesem Multitalent lassen sich nicht nur gesunde und schmackhafte asiatische Gerichte zubereiten, er eignet sich auch hervorragend zur aromaschonenden und fettarmen Zubereitung europäischer Gerichte.

Der Wok ist ein Universalküchengerät und ersetzt jeden handelsüblichen Topf oder Pfanne.

Das Prinzip des Woks ist einfach, sehr wirkungsvoll und bis ins Detail ausgeklügelt.

Dieses Kochgerät ist in seiner Form und Funktion seit Jahrtausenden in China unverändert.

Die halbrunde Kugelform ermöglicht es, mit sehr wenig Energie eine große Wirkung zu erzielen.

Der Wok wird in China und auch in anderen asiatischen Ländern auf offenem Feuer bzw. auf Gasöfen verwendet und besteht aus gut hitzeleitfähigen Materialien, entweder aus Eisen oder Gusseisen.

Mit dem tiefsten Punkt der Rundung sitzt der Wok genau in einer extra dafür ausgesparten Öffnung der Kochstelle. Sein Prinzip beruht darauf, dass er an seinem tiefsten Punkt sehr heiß wird und die Hitze gleichmäßig, aber nach oben hin immer geringer werdend, an den Seitenwänden hochleitet. Dies ist besonders wichtig beim Pfannenbraten.

Beim Pfannenbraten oder -rühren werden die Zutaten mithilfe einer kleinen Schaufel, der Wokspachtel, in der gewölbten Pfanne durcheinander gerührt, sodass sich immer nur ein Teil des Bratgutes im Hitzezentrum befindet, während der andere Teil an den kühleren Seitenwänden nachziehen kann.

Die Wok-Spachtel, die zum Pfannenrühren benutzt wird, spielt eine sehr wichtige Rolle. Sie ist genau auf die Rundung des Woks abgestimmt und ermöglicht es, die klein geschnittenen Zutaten wie Fleisch und

Vorwort

Gemüse mit Schwung in der halbrunden Pfanne ständig zu bewegen. Mit einem Kochlöffel oder einem üblichen Pfannenwender wäre es in dieser Form nicht möglich.

Durch die extreme Hitze, die sich am Boden des Woks entwickelt, dürfen die Speisen auf keinen Fall sehr lange liegen. Der Vorteil ist, dass sich die Poren im Fleisch oder Gemüse sehr schnell schließen, die Speisen in einer sehr kurzen Zeit gegart werden und dadurch die Frische der Farben, die wichtigen Vitamine, Mineralien und das Eigenaroma weitgehendst erhalten bleiben. Sie kommen außerdem mit einem Minimum an Fett aus.

In China und in den asiatischen Ländern wird im Wok aber nicht nur gebraten – in diesem Kochgerät wird auch frittiert, gekocht, geschmort, gedünstet und gedämpft.

In diesen Ländern wird auch in den Restaurants im Wok gegart, hier haben sie einen Durchmesser bis zu einem Meter.

Der „Universaltopf" ermöglicht es natürlich auch, europäische Gerichte, die aus klein geschnittenen Zutaten bestehen, zu garen. Gulasch, Geschnetzeltes usw. gelingen in diesem Topf hervorragend.

Trotz der sehr hohen Temperaturen im Wok ist es ratsam, Fleisch portionsweise anzubraten. Damit wird verhindert, dass die Temperatur bei größeren Mengen zu schnell absinkt und das Fleisch Saft zieht.

Dank des großen Innenraumes und des gewölbten Domdeckels kann man im Wok hervorragend dämpfen.

Auch Frittieren funktioniert im Wok besser als bei allen herkömmlichen Fritteusen. Durch seine spezielle Form, die sich nach oben hin weitet, ist es möglich, auch beim Frittieren mit weniger Fett oder Öl auszukommen und die auszubackenden Speisen finden beim Aufsteigen an die Oberfläche genügend Platz und stoßen nicht aneinander.

Ich habe in diesem Buch versucht, einige der Möglichkeiten, die der Wok bietet, in Form von Ratgeberseiten und Rezepten zusammenzufassen. Alle Rezept-Angaben sind für 4 Personen.

Sie benötigen jetzt nur noch den Wok, die Zutaten und etwas Zeit.

Viel Spaß beim Zubereiten der Speisen und beim Genießen – allein oder mit Freunden – wünscht Ihnen

Ihre
Gabriela Poggenpohl.

Der Wok

Arten von Woks

Unsere westlichen Küchen sind mit Elektro- oder Gasöfen ausgestattet, auf denen der ursprüngliche Wok mit dem gewölbten Boden nicht stehen könnte. Aus diesem Grund bietet die Industrie Wok-Pfannen mit ebenen Böden an.
Die meist verwendeten Materialien sind Gusseisen, Edelstahl, Stahlemail oder Kupfer.

Preisgünstig und stabil ist der Wok aus Gusseisen. Er bedarf jedoch einer speziellen Pflege. Damit er nicht rostet, sollte dieser Wok nach dem Spülen regelmäßig eingeölt werden.

Hervorragend, allerdings etwas teurer, sind die Edelstahl-Woks. Der dicke Boden leitet die Wärme ausgezeichnet an den Seitenwänden des Woks hoch. Außerdem sind diese Woks mit einer besonderen Bratfläche ausgestattet, die das Braten ohne oder mit nur sehr wenig Fett ermöglicht. Standardmäßig wird bei diesen Edelstahl-Woks ein Dünsteinsatz mitgeliefert, welcher hervorragende Dienste – speziell beim Dünsten von Fisch – leistet.

Anmerkung:

Alle Gerichte in diesem Buch wurden in einem Wok zubereitet, der aus mehreren Aluminiumschichten besteht und auf der Innenseite mit einer Antihaftbeschichtung versehen ist. Während der gesamten Produktionszeit der Food-Fotos ist – dank dieses Woks – keines der Gerichte angebrannt oder misslungen.

Dieser Wok hatte auch das beste Preis-Leistungs-Verhältnis.

Werkzeuge beim Kochen mit dem Wok

Wok-Spachtel
Das Gerät zum Pfannenrühren, denn nur mit ihm können die Zutaten im Wok ständig durcheinander gerührt werden, damit nichts anbrennt. Materialien sind entweder Holz oder hochwertiger, hitzebeständiger Nylon.
Spachteln aus Metall sind nicht geeignet, da sie den Wok-Boden verkratzen.

Schöpflöffel
Wird zum Begießen des Bratgutes benötigt und zur Entnahme von Flüssigkeit.

Sieblöffel
Er wird zum Herausnehmen der frittierten oder gebackenen Speisen verwendet, es gibt ihn in verschieden großen Durchmessern. Wegen der großen Hitze im Wok ist der Griff aus Bambus oder Holz, denn diese Materialien sind keine Hitzeleiter und Sie können sich nicht verbrennen.

Küchenbeil
Wird als universelles Gerät zum Hacken und zum Schneiden verwendet.

Hackbrett
Da fast alle Zutaten vor dem Garen zerkleinert werden müssen, ist das große Hackbrett ein nützlicher Helfer beim Schneiden. Außerdem hat man auf einem großen Brett die Möglichkeit, die vorbereiteten Zutaten in kleinen Häufchen übersichtlich zu platzieren.

Abtropfgitter
Ist als Standardausrüstung bei jedem Wok dabei. Auf diesem Gitter können während des Garens bereits fertige Speisen zum Abtropfen oder zum Warmhalten abgelegt werden.

Dampfkorb
Ist ein Einsatz für den Wok, den es in verschiedenen Größen zu kaufen gibt.
Er besteht aus Bambus und ist so beschaffen, dass der Dampf ungehindert die darauf liegenden Lebensmittel durchdringt und sie dadurch gart.
Bei den Edelstahl-Woks für Elektroherde wird ein runder Einsatz aus Edelstahl zum Dämpfen bereits mitgeliefert.

Stäbchen
Sie werden in den asiatischen Ländern nicht nur zum Essen, sondern auch zum Kochen benutzt. Sie sind aus Holz, da Holz ein schlechter Wärmeleiter ist und sie nicht heiß werden, auch wenn sie am Wokrand anliegen.

Die verschiedenen Garmethoden im Wok

Pfannenrühren
Das Pfannenrühren ist die häufigste Garmethode in der asiatischen Küche.
Es zählt zu den ältesten Garmethoden der Welt.
Bei dieser Technik, die mit der Wok-Spachtel vorgenommen wird, ist das Gargut wie z. B. Fleischstückchen oder klein geschnittenes Gemüse in ständiger Bewegung.
Durch die sehr hohe Hitzeentwicklung im Wok verschließen sich die Poren des Fleisches oder Gemüses sehr schnell und dadurch bleiben die frischen Farben, die wichtigen Vitamine, Mineralien und das Eigenaroma weitgehendst erhalten.
Um ein Anbrennen zu vermeiden, ist ständiges Rühren (Pfannenrühren) notwendig.
Außerdem ist es bei der Schnelligkeit dieser Garmethode äußerst wichtig, dass alle Zutaten vorbereitet sind, d. h. abgemessen, geschnitten oder gehackt bereitstehen. Kleinste Verzögerungen können dazu führen, dass die Speise misslingt. Beim Pfannenrühren kommt es wirklich auf Minuten an.

Pfannenrühren, anschließend mit wenig Flüssigkeit gar dünsten
Zu den Gerichten werden meistens Nudeln oder Reis serviert, deshalb ist es sehr lecker, auch etwas Sauce zuzubereiten.
Das Gemüse wird ca. 2-3 Minuten pfannengerührt, anschließend mit etwas Flüssigkeit wie z. B. Wasser, Gemüse-, Fleisch- oder Hühnerbrühe, Wein oder Sherry angegossen und bei niedriger Temperatur weitere 2-3 Minuten gedünstet.
Speisestärke, mit etwas Sherry oder Sojasauce angerührt und die Sauce damit gebunden, macht die Konsistenz gelatineartig und gibt der Sauce den typisch asiatischen Geschmack.

Pfannenrühren, anschließend im eigenen Saft gar dünsten
Das gelingt am besten mit Gemüse mit hohem Wasseranteil, wie z. B. Tomaten, Champignons oder Fenchel.
Diese Gemüse werden bei starker Hitze 2-3 Minuten pfannengerührt, anschließend bei reduzierter Hitze nochmals ca. 3-4 Minuten im eigenen Saft gedünstet.
Um den Eigengeschmack der Gemüse zu erhalten, geben Sie die Gewürze erst ganz zum Schluss zu.
Wollen Sie die Würze der Gewürzzutaten schmecken, sollten Sie die Gewürze ganz zu Anfang im Öl ausbraten.

Schmoren
Hier unterscheidet man zwei Arten, das Rotschmoren und das Weißschmoren.
Beim Rotschmoren wird das Fleisch in einer Marinade aus Sojasauce, Essig und Zucker eingelegt, bei großer Hitze scharf angebraten, mit wenig Flüssigkeit abgelöscht und mit geschlossenem Deckel fertig gegart.
Beim Weißschmoren kommt das Fleisch bei geringer Hitze in den Wok, wird nur kurz angebraten, mit etwas mehr Flüssigkeit angegossen und mit geschlossenem Deckel gegart.

Die verschiedenen Garmethoden im Wok

Dämpfen im Wok
Dämpfen ist die schonendste Garmethode. Die Vitamine und Aromen bleiben weitgehendst erhalten. Diese Methode funktioniert beim Wok mit einem Bambus- oder Metalleinsatz, auf den die Speise gelegt wird.
Der große Innenraum des Woks und der gewölbte Domdeckel sind zum Dämpfen gut geeignet. Um Gemüse zu garen, reichen wenige Minuten aus. Die Farbe bleibt frisch und das Gemüse hat noch Biss.
Zum Dämpfen wird Wasser in den Wok gefüllt und der Dämpfeinsatz aus Bambus oder Metall in den Wok eingesetzt.
Die Zutaten sollten Sie vor dem Dämpfen kurz in kochendes Wasser tauchen. Zum einen schließen sich die Poren des Gargutes, zum anderen werden Bakterien abgetötet.
Hervorragend gelingen zarte Fischfilets oder Teigtaschen mit süßer oder pikanter Füllung.
Bei sehr eiweißreichen Speisen wie z. B. Fisch oder Teigtäschchen (Wan-tan) ist es ratsam, den Metalleinsatz mit einigen Tropfen Öl zu bepinseln oder mit ein paar großen Blättern auszulegen, damit nichts anklebt.
Auch sollten Sie darauf achten, dass das Wasser nicht an das Gargut kommt.

Zuerst braten, anschließend dämpfen
Die Speisen werden zuerst in Öl angebraten, damit sie eine Kruste bekommen. Um die Zartheit z. B. von Fleisch zu erhalten, wird anschließend gedämpft.
Ein Tipp: Wenn Sie die Gewürze in die Flüssigkeit einrühren, werden beim Dämpfen die Aromen freigesetzt und an die Speisen abgegeben.

Zuerst kochen, anschließend braten
Die Lebensmittel werden bei dieser Gartechnik erst einmal gar gekocht und anschließend in Öl gebraten.

Durch die Kombination dieser beiden Gartechniken wird das Fleisch außen knusprig und bleibt innen zart.

Fleisch richtig anbraten
Wenn Ihr Fleisch außen knusprig und innen saftig sein soll und Sie nur wenig oder gar kein Fett verwenden wollen, sollten Sie einige Tipps beachten.
Woks aus Edelstahl für Elektro- und Gasherde sind mit einer besonderen Bratfläche ausgestattet.
Erhitzen Sie den Wok auf der Herdplatte leer, d. h. ohne Fett.
Machen Sie nun die Wasserprobe. Sie hilft Ihnen den richtigen Zeitpunkt zum Einlegen des Gargutes zu finden.

Die verschiedenen Garmethoden im Wok

Dazu geben Sie einige Wassertröpfchen auf die Bratfläche. Verzischen die Wassertropfen, ist der Wok noch nicht heiß genug, bilden sich aber kleine tanzende Wasserkügelchen, dann ist der richtige Zeitpunkt zum Anbraten gekommen.
Beim Braten mit Fett geben Sie das Fett in den Wok und lassen es richtig heiß werden.
Beim Braten ohne Fett geben Sie das Bratgut in den Wok und lassen es so lange auf einer Seite liegen, bis es sich von selbst vom Wokboden löst.
Zunächst klebt das Fleisch am Boden fest, jedoch nur so lange, bis sich Röststoffe gebildet haben. Dies dauert ca. 2 Minuten, dann löst sich das Gargut ganz von selbst. Nun können Sie es wenden und die andere Seite braten.

Frittieren

Frittieren im Wok funktioniert besser als bei allen herkömmlichen Fritteusen. Durch seine besondere Form, die sich nach oben hin weitet, ist es möglich, mit weniger Fett oder Öl auszukommen und die auszubackenden Zutaten finden dennoch genügend Platz, sich an der Oberfläche auszubreiten, ohne dass sie aneinander stoßen.
Auch das Abtropfgitter, das zu jedem Wok standardmäßig mitgeliefert wird, ist sehr praktisch.
Hierauf können fertig frittierte Speisen zum Abtropfen abgelegt werden und sie bleiben warm.
Es ist sehr wichtig, dass das Fett, bevor Sie das Gargut einlegen, den Siedepunkt von 175° C erreicht hat.
Machen Sie die Temperaturprobe:
Geben Sie ein kleines Probierstück in das Fett. Schäumt das Fett richtig auf und das Probierstück kommt schnell an die Oberfläche, dann ist die Temperatur richtig.
Ihrer schlanken Linie zuliebe sollten Sie dies beherzigen. Ist das Fett heiß genug, schließen sich die Poren sofort und das Frittiergut kann nicht so viel Fett aufsaugen.
Damit das Fett nicht so schnell abkühlt, ist es ratsam, immer nur kleine Mengen zu frittieren.
Speisen werden besonders knusprig, wenn sie zweimal kurz hintereinander frittiert werden.

Im schwimmenden Fett ausbacken

Hier gibt es 2 Methoden.
Zum Ersten das langsame Ausbacken bei geringer Hitze, hier werden die Lebensmittel mindestens 10-15 Minuten gebacken.
Zum Zweiten das schnelle Ausbacken bei sehr hoher Hitze, hier dauert der Garprozess nur wenige Sekunden.

Alles über Reis

Reis ist aus der asiatischen Küche einfach nicht wegzudenken. In allen asiatischen Ländern gilt Reis als das Grundnahrungsmittel.
In Asien sind ca. 8 000 verschiedene Reissorten bekannt, bei uns hingegen kennt man nur ca. 10 Sorten.
Reis ist jedoch – ernährungswissenschaftlich gesehen – als sehr wertvoll einzustufen. Wussten Sie, dass Reis durch seinen niedrigen Natriumgehalt den Wasserhaushalt im Körper günstig beeinflusst?

In ganz Asien spielt Reis bei jeder Mahlzeit eine große Rolle. Er wird auf drei verschiedene Arten zubereitet: gedämpft, gekocht und gebraten. Hierzulande gilt der Reis als richtig gekocht, wenn er schön locker und körnig ist. In der asiatischen Küche hingegen ist Reis erst dann perfekt, wenn die einzelnen Körnchen leicht aneinander haften. Denn so nimmt der Reis die Aromen besser auf. Reis ist sehr vielfältig in seiner Form und Farbgebung; Rundkorn-, Mittelkorn- und Langkornreis in den Farben rot, schwarz, weiß, braun oder grün.

Brauner, ungeschälter Reis, auch bekannt als Naturreis oder Cargoreis
Er ist gereinigt, ausgelesen, jedoch ungeschliffen, d. h., er besitzt noch die Silberhaut und somit seine wichtigen Nährstoffe wie Mineralstoffe, Spurenelemente, Vitamine und Ballaststoffe. Brauner Reis hat eine lange Kochzeit von ca. 45 Minuten. Sein Geschmack ist leicht nussig.

Schwarzer Reis
Ein so genannter Klebereis. Dieser Reis muss über Nacht eingeweicht werden, bevor man ihn kochen oder dämpfen kann. Schwarzer Reis wird in Thailand sehr oft für süße Gerichte verwendet.

Wildreis
Wächst wild in den kalten, klaren Seen der Provinz Ontario in Kanada. Eigentlich ist der Wildreis kein Reis, sondern Grassamen. Er kommt ungeschält in den Handel und schmeckt nussig. Wildreis ist eine schwarze Sorte.

Basmati-Reis
Wird in Indien angebaut.
Er ist eine sehr feine Reissorte mit sehr viel Eigenaroma.

Roter Reis
Muss wie der schwarze Reis eine Nacht in Wasser eingeweicht werden. Er bleibt jedoch auch nach längerer Garzeit immer etwas fest.

Rundkornreis
Wird von den Japanern bevorzugt und trägt deshalb auch den Beinamen Sushi-Reis. Er ähnelt in Aussehen und Konsistenz sehr unserem Milchreis und dem italienischen Risottoreis.

Grüner Reis
Unreife, grüne Reiskörner werden aus ihren Hüllen gedroschen und so lange gestampft, bis Flocken entstehen. Diese Flocken werden geröstet über Desserts gestreut.

Parboiled Reis
Ein in Amerika entwickeltes Verfahren bewirkt, dass sich durch Dampf und Druck die in der Silberhaut befindlichen Inhaltsstoffe in das Korninnere verlagern. Dadurch kann die Haut des Reiskorns abgeschliffen werden und die Inhaltsstoffe bleiben bis zu 80 % erhalten. Parboiled Reis ist aufgrund dieses Verfahrens ein Reis, der beim Kochen nicht klumpt und klebt.

Weißreis
Ist gereinigt, ausgelesen und geschliffen. Seine Farbe ist reinstes Weiß. Allerdings enthält er durch das Schleifen und Polieren wesentlich weniger Inhaltsstoffe als andere Reissorten.

Langkornreis (Patna-Reis)
6-8 mm lang.
Bleibt beim Kochen trocken und körnig.

Alles über Nudeln

In der gesamten asiatischen Welt stehen Nudeln für Glück, Gesundheit und ein langes Leben.
Dies wird durch die Länge der Nudeln bestimmt.
Aus diesem Grunde wird bei einer asiatischen Geburtstagsfeier immer ein Nudel-Gericht serviert.

Die Asiaten sind große Nudelfreunde. Nudeln als Beilage zu den verschiedensten Gerichten, als eigenständiges Essen, als Suppeneinlage oder für die kleine Mahlzeit zwischendurch sind sehr beliebt.

Die Leidenschaft zur Nudel hat natürlich auch eine Vielzahl an Nudelarten geschaffen.

Weizenmehlnudeln
Sie sind mit Eiern hergestellt und haben die Form von langen dünnen Fäden, die zu kleinen Päckchen zusammengepresst werden.
In verschiedenen Breiten kommen sie auch als Bandnudeln vor.
Weizen- oder Eiernudeln gibt es frisch oder getrocknet zu kaufen.
Verwendet werden sie als Beilage, als Suppeneinlage oder in geschmorten Nudelgerichten.
Es ist wichtig, die Nudeln für ca. 10 Minuten in heißem Wasser einzuweichen, damit sich die Stränge voneinander lösen und die Nudeln beim Kochen gleichmäßig garen können.
Manchmal müssen getrocknete Nudeln nicht einmal mehr gekocht werden. Es genügt, sie mit kochendem Wasser zu übergießen und einige Zeit ziehen zu lassen.

Reisnudeln
Sie haben eine weiße Farbe und sind aus Reismehl und Wasser hergestellt.
Im Handel werden sie frisch oder getrocknet angeboten.
Die frischen Nudeln sind im Geschmack viel besser, müssen jedoch schnell aufgebraucht werden.
Die getrockneten Reisnudeln müssen – je nach Stärke – vor dem Garen bis zu einer Stunde in kaltem Wasser eingeweicht werden. Im kochenden Wasser sind sie dann in ca. 5-10 Minuten gar und können anschließend als Suppeneinlage verwendet oder gebraten werden.

Glasnudeln
Transparente Nudeln, sie werden aus gemahlenen Mungobohnen hergestellt. Im Handel sind sie in geschnürten Bündeln erhältlich. Man findet sie hauptsächlich als Suppeneinlage, als Beilage oder bei Füllungen von Frühlingsrollen.
Glasnudeln müssen vor dem Gebrauch für ca. 20 Minuten in heißem Wasser eingeweicht werden. Je nachdem, wie sie weiter verwendet werden sollen, zerkleinert man sie nach dem Abgießen mit einer Schere.

Buchweizennudeln
Werden aus Buchweizenmehl und Wasser hergestellt.
Sie werden getrocknet als schmale Bandnudeln verkauft.

Teighüllen für Frühlingsrollen
Zu Nudeln gehören natürlich auch die verschiedenen Teighüllen.
Sie werden zur Herstellung von Frühlingsrollen und Wantans benötigt.
Es ist eine sehr schmackhafte Variante, Gemüse-, Geflügel-, Fisch- oder Fleischmischungen in Teig zu packen und zu frittieren oder in schwimmendem Fett auszubacken.
Die Teighüllen werden in gut sortierten Supermärkten oder in Asiageschäften frisch oder tiefgefroren angeboten. Aufgetaut lassen sich die einzelnen Teigblätter ohne Schwierigkeiten trennen und befüllen.
Es gibt zwei Sorten: die kantonesischen Teigblätter, diese haben eine glatte Oberfläche und sind aus einem Nudelteig hergestellt oder die Schanghai-Teigblätter, sie sind dünn und transparent.

Teighüllen für Wan-tans
Sie werden aus Weizenmehl, Eiern und Wasser hergestellt.
Auch diese können im Fachhandel als frische Ware gekauft werden und lassen sich sehr gut einfrieren.

Wenn Sie über genügend Zeit verfügen (der Teig muss ca. 1 Stunde ruhen), können Sie diese Teigplatten selbst herstellen – ein einfacher Nudelteig genügt.

Transparente Hüllen Tientsin Fen-pai
Eine weitere Variante von Hüllen für Frühlingsrollen oder Wan-tans sind die so genannten Tientsin Fen-pai.
Diese Hüllen sind runde transparente Blätter und werden aus einer Mischung von gemahlenen Mungobohnen und Wasser hergestellt. Die getrockneten Blätter können Sie ohne weiteres auf Vorrat kaufen, denn sie sind mehrere Monate haltbar.

Gemüse

Bambussprossen
Es gibt sie bei uns nur in Gläsern oder in Dosen.
Sie sollten darauf achten, dass Sie die Sprossen in ganzen Stücken und nicht in Scheibchen geschnitten kaufen.
Bambussprossen gibt man nicht wegen ihres Geschmacks zu den Speisen, sondern wegen ihres knackigen Bisses.

Brokkoli
Ist ein naher Verwandter des Blumenkohls, schmeckt aber feiner und wird in vielen Gerichten als sehr schmackhaftes Gemüse mitverwendet.
Brokkoli sollte immer eine schöne grüne Farbe haben. Eine leicht gelbliche Färbung deutet darauf hin, dass er nicht mehr frisch ist und blüht.

Chinakohl oder auch Pekingkohl
Er ist bekömmlicher und schmeckt feiner und zarter als gewöhnlicher Kohl.
Sie können ihn frisch als Salat, gedünstet oder blanchiert zubereiten.
Seine Garzeit ist sehr kurz, nur 8-10 Minuten.

Frühlingszwiebeln
Auch unter Lauchzwiebeln bekannt. Eine frühe Zwiebelsorte mit mildem, feinwürzigem Geschmack.
Sie sind aus der asiatischen Küche nicht wegzudenken und werden aufgrund ihrer kurzen Garzeit erst zum Schluss in den Wok gegeben.

Mungobohnensprossen
Sind ein gesundes, knackiges Gemüse, passen zu Fleischgerichten und Salaten.

Pak-Choi
Auch asiatischer Senfkohl genannt. Er erinnert in Geschmack und Aussehen an Mangold-Gemüse.
Diese Kohlsorte schmeckt gedünstet und als Rohkost.

Paprika
Ist ein Nachtschattengewächs. Jede Paprikaschote ist zuerst grün, reift sie jedoch länger an der Pflanze, wird sie erst rot und dann gelb. Grüne Paprikaschoten sind jedoch noch nicht reif und daher nicht so gut bekömmlich. Sie sollten deshalb in Ihren Gerichten rote oder gelbe Paprikaschoten verwenden.

Porree oder Lauch
Zwiebelähnliche Gemüsepflanze.
Man verwendet den weißen Schaft und bis zu 10 cm von den grünen Blättern.
Wenn die Pflanze jung ist, können auch die ganzen Blätter verwendet werden.

Schalotten
Ist eine Zwiebelart, die – ebenso wie Knoblauch – mehrere Zehen unter der obersten Haut aufweist. Sie sind zwar schärfer als Zwiebeln, aber viel feiner im Aroma. Ihr Geschmack verbindet sich hervorragend mit Wein, Butter und Sahne.

Sojasprossen
Keimlinge aus grünen Sojabohnen. Da sie leicht verderben, sollten sie nur frisch oder eingelegt verwendet werden. Sie enthalten viel pflanzliches Eiweiß und lassen sich mit allen Gemüsesorten kombinieren.

Staudensellerie oder Bleichsellerie
Die Blattstiele eignen sich hervorragend als Rohkost mit Dips oder klein geschnitten als Gemüse. Die inneren, kleinen Blätter können auch sehr gut zur Dekoration von Gerichten verwendet werden.

Wasserkastanien
Gibt es bei uns nur in Gläsern oder Dosen.

Pilze

werden in der asiatischen Küche – ob frisch oder getrocknet – sehr oft verwendet und spielen eine große Rolle.

Austernpilze
Sind eine sehr schmackhafte Neuzüchtung. Der Austernpilz ist ein Baumpilz, die Farbe ist braun-beige, das Fleisch saftig und sein Geschmack sehr aromatisch. Austernpilze werden immer frisch zubereitet und sollten wie Champignons nur geputzt und nicht gewaschen werden.

Strohpilze
Gibt es getrocknet und in Dosen. Sie werden in den asiatischen Ländern sehr häufig verwendet und sind mit unseren Champignons vergleichbar.

Tongu-Pilze (japanischer Name Shiitake)
Getrocknete, chinesische Champignons mit großem Hut.
Tongu-Pilze geben ihren intensiven Geschmack am besten in getrocknetem Zustand an die Speisen ab. Sie müssen vor dem Gebrauch ca. 30 Minuten in kochendem Wasser eingeweicht werden. Das Einweichwasser kann man anschließend zum Kochen verwenden.
Dieser Pilz verleiht Gemüsegerichten oder Füllungen von Frühlingsrollen und Wan-tans ein sehr gutes Aroma.

Mu Err-Pilze oder Wolkenohrpilze
Gehören zu den Baumpilzen. Sie werden in China gezüchtet, getrocknet und sehr viel verwendet.
Diese Pilze müssen – wie alle getrockneten Pilze – mit kochendem Wasser übergossen und ca. 30 Minuten eingeweicht werden.

Steinpilze oder Herrenpilze
Ein wohlschmeckender Pilz mit hohem Gehalt an Mineralsalzen, Vitaminen und Aromastoffen. Er kann frisch und getrocknet verwendet werden.
Sein Aroma wird durch Kochen noch intensiver und schmackhafter.

Champignons
Haben einen weißen bis rosafarbenen Hut. Sie werden nicht gewaschen, nur geputzt, da sie durch das Wasser beim Garen zäh werden können.
Roh werden sie in Salaten verwendet. Gekocht und gedünstet sind sie ein feiner und schmackhafter Bestandteil für Fleisch, Fisch, Geflügel und Saucen.

Tipp:
Getrocknete Pilze müssen immer mit heißem Wasser übergossen und ca. 30 Minuten eingeweicht werden.

Schneller geht es, wenn Sie die Pilze in ein Gefäß mit kaltem Wasser geben, zudecken und in der Mikrowelle zum Kochen bringen. Dann die Pilze nur noch 10 Minuten quellen lassen.

Anschließend gut abtropfen lassen und weiterverarbeiten.

Kräuter und Gewürze

Chili
Keine Angst vor den scharfen Schoten!
Chilis sind zwar sehr scharf, aber auch sehr gesund. Das Schärfste an den Chilis sind die Kerne und die Scheidewände. Diese sollten auf jeden Fall entfernt werden.

Achtung:
Größte Vorsicht ist bei der Verarbeitung geboten. Nach dem Hantieren mit Chilis sind die Hände sofort und gründlich zu waschen oder Küchenhandschuhe zu tragen. Es ist sehr gefährlich, etwas davon in die Augen zu bekommen. Der Geschmack der Chilis reicht von würzig-mild bis feurig-scharf.
In Deutschland ist die Auswahl sehr beschränkt, erst durch unsere türkischen Mitbürger wurde das Angebot etwas erweitert.

Heute gibt es auch bei uns z. B. Chili Serano (kleiner roter Chili, sehr scharf), Poblano (großer roter oder auch grüner Chili, mild), Jalapeno (ein kleiner grüner Chili, sehr scharf).

Getrocknete Chilis rösten:
Damit die getrockneten Chilis ihr volles Aroma entfalten können, sollten diese geröstet werden. In eine heiße ungefettete Pfanne werden die Chilis für 1-2 Minuten eingelegt und von beiden Seiten angeröstet. Die Chilis mit einem Pfannenwender leicht an den Pfannenboden drücken, jedoch nicht anbrennen lassen.

Frische Chilis häuten:
Die Chilis in eine heiße ungefettete Pfanne geben und von allen Seiten rösten, bis die Haut schwarz wird und Blasen wirft. Anschließend in eine Frischhaltetüte geben und 5-10 Minuten abkühlen lassen. So lässt sich die Haut leicht abziehen und es müssen nur noch die Kerne und die Scheidewände entfernt werden.
Chilis schützen vor Karies, denn sie regen den Speichelfluss an. Außerdem stärken sie den Kreislauf, fördern die Durchblutung und wirken gegen Darminfektionen.

Curry
Curry ist eine der bekanntesten Gewürzmischungen. Das Ursprungsland ist Indien.
Die Kolonialisten brachten diese wohlschmeckende, aromatische Gewürzmischung im 18. Jahrhundert nach Europa.
Currypulver besteht aus den verschiedensten Zutaten: Koriander, Pfeffer, Ingwer, Piment, Paprika, Reismehl, Bockshornkleesamen, Muskatblüte, Zimt, Kreuzkümmel, Ingwer, Kurkuma, Chili und Nelken.
Die Grundmixtur allerdings besteht aus Kurkuma, Ingwer, Pfeffer, Koriander, Kreuzkümmel und Chilis.
Curry, in Indien Masala genannt, wird ganz nach eigenem Geschmack hergestellt, deshalb reicht der Schärfegrad von mild bis pikant.
Curry gibt es in Pulverform oder als Currypaste. Fisch, Krabben, Langusten und Muscheln, Geflügel, Lamm- und Kalbfleisch, Hackfleisch, Reis, Tomaten, Erbsen, Linsen, sogar Früchte wie Erdbeeren, Mango, Pfirsich, Bananen, Ananas lassen sich hervorragend damit würzen und bekommen durch Curry einen exotischen Geschmack.
Auch Marmeladen und Chutneys verleiht Curry einen außergewöhnlichen Geschmack.

Fünf-Gewürze-Mischung
Diese Mischung ist eine Spezialität in der asiatischen und indischen Küche. Die Geschmacksrichtung ist dabei je nach Region etwas anders.
Die asiatische Mischung, die natürlich wiederum variieren kann, besteht aus den Grundgewürzen Sternanis, Pfeffer, Zimt, Nelken und Mandarinenschale.
Die indische Mixtur besteht aus einer Mischung von Anis, Bockshornklee, Kreuzkümmel, Schwarzkümmel und Senfsamen.
Diese Fünf-Gewürze-Mischung eignet sich bestens für Marinaden, Schmorfleisch, zu Fisch und Meeresfrüchten.

Ingwer
(Ingber, Ingwerwurzel, Immerwurzel)
Ingwer ist eine Knolle, welche unter der Erde wächst. In Asien ist Ingwer schon seit Jahrtausenden kultiviert. Uns ist er aus der asiatischen und englischen Küche bekannt.
Dieses schmackhafte Gewürz gibt es als frische Knolle zum Abreiben oder Kleinschneiden und als Pulver zu kaufen.
Ingwer schmeckt und riecht frisch, würzig-scharf und etwas süßlich.
Sein frisches eigenwilliges Aroma passt zu Hauptgerichten ebenso wie zu Desserts, Marmeladen, Gelees, Chutneys, Relishs und zu Getränken.
Ingwerkonfekt, Ingwerplätzchen, Ingwerkuchen, Ingwerwein und Ingwerlimonade, besser bekannt als Ginger Ale, sind uns allen ein Begriff.
Ingwer gibt vielen asiatischen und fernöstlichen Gerichten den für sie so typischen Geschmack.
Man würzt damit Geflügel, Fisch, Wild, Aufläufe, Pilze, Backwaren und Obstsalate.

Kandierten und eingelegten Ingwer serviert man zu Fleisch-, Geflügel-, Wild- und Fischgerichten.
In der chinesischen Medizin ist Ingwer eines der wichtigsten Heilmittel. Er entspannt und besänftigt einen nervösen Magen und hilft nachweislich gegen Reisekrankheit, ganz ohne Nebenwirkungen.
Er hat aber auch eine entzündungshemmende und immunstärkende Wirkung. Neue Medikamente aus Ingwer werden gerade in den USA und in Dänemark gegen rheumatische Gelenkentzündungen erfolgreich erprobt. Ein Mittel soll es demnächst auch bei uns geben.

Kerbel
(Kerbelkraut, Suppenkraut, Küchenkraut)
Kerbel gehört zu den feinen, klassischen Kräutern. Die Pflanze hat einen zart-würzigen, süßlichen Geschmack.
Er ist Bestandteil der bekannten französischen Kräutermischung „Fines Herbes".
Kerbel ist ein universelles Kraut, mit dem so ziemlich jede Speise die nötige Würze bekommt:
Salate, Suppen, Saucen, Fisch, Geflügel, Fleisch, Spargel, Eierspeisen, Milchprodukte und Obstsalat.
Dieses Gewürz sollte, wenn überhaupt, nur ganz kurz mitgekocht werden, denn sonst geht der feine Geschmack verloren.
Essigen und Ölen gibt er einen herrlichen Geschmack.
Kerbel kann gut eingefroren werden. Zum Trocknen ist er nicht geeignet, denn dabei verliert er seine Würzkraft.

Knoblauch
(Knobel, Knoflak, Knofel, Gruserich)
Knoblauch ist das einzige Gewürz, das die Menschen wegen seines Geruches in zwei Lager spaltet.
Die einen schwören auf ihn, die anderen lehnen ihn generell ab.
Aber der gesunde und von der Heilkunde hoch gelobte Knoblauch wird immer salonfähiger.
Knoblauch dürfte wohl das gesündeste Gewürz der Welt sein. Diese aromatisch schmeckenden Zehen können alles würzen, was man sich nur vorstellen kann.
Knoblauch kann roh, gebraten, gekocht und geschmort verarbeitet werden. Sein sehr würziger Geschmack passt zu allen Gerichten.
In der Heilkunde wusste man immer schon von der positiven Wirkung von Knoblauch auf den menschlichen Organismus. Mittlerweile hat auch die Wissenschaft dies anerkannt und bestätigt.
Z. B. regt er u. a. die Leber- und Gallentätigkeit an, erhöht die Durchblutung und entgiftet das Blut.

Koriander
(Wanzendill, Wanzenkraut, Cilantro, Chinesische Petersilie)
Verwendung:
Blätter, Wurzel, Samen.
Koriander hat als Küchenkraut ein ziemlich strenges Aroma, das nicht jeder mag. Wegen seines seltsamen Geruchs nennt man ihn auch "Wanzendill".
Werden die Blätter jedoch fein geschnitten, riecht und schmeckt er angenehm würzig.
Koriander kann roh gegessen oder kurz mitgekocht verwendet werden.
Koriander würzt Beizen, eingelegte Gurken und rote Bete, alle Kohlarten und fettes Schweinefleisch.
Die Mexikaner verwenden es in ihrer Küche sehr häufig zum Würzen von Reis, Kartoffeln, Geflügel, Eiern und Omeletts.
Koriander eignet sich nicht zum Trocknen.

Koriandersamen
(Korianderfrüchte, Schwindelkorn)
Der Geruch der getrockneten Koriandersamen erinnert ein bisschen an Orangenschale und Zimt. Der Geschmack ist süßlich-würzig, leicht brennend.
Koriandersamen sind Bestandteil des südindischen Currygewürzes. Er entwickelt erst beim Kochen sein volles Aroma.
Kartoffelgerichte, Fisch, Kohl, Geflügelfüllungen, Obst und Kompotte bekommen erst durch ihn den richtigen Geschmack. Auch bei der Weihnachtsbäckerei von Aachener Printen und Lebkuchen darf Koriander nicht fehlen.
Am besten schmeckt er – und das gilt im Übrigen auch für alle anderen Gewürze –, wenn er im Mörser kurz vor dem Gebrauch frisch zerstoßen wird.
Das Kraut und die Früchte des Korianders beruhigen die Nerven und helfen bei Magen- und Darmbeschwerden.

Kreuzkümmel
(Kumin, römischer Kümmel)
Kreuzkümmel sieht unserem Kümmel sehr ähnlich, stammt aber von einer anderen Pflanze.
Er hat einen scharf-bitteren, aromatischen Geschmack.
In der fernöstlichen, mexikanischen und arabischen Küche ist er als Gewürz sehr beliebt.
Kreuzkümmel ist Bestandteil von Currymischungen.
Er kann im Prinzip wie unser Kümmel verwendet werden.
Wenn man ihn als Pulver verwenden will, wird er kurz vor Gebrauch im Mörser zerrieben.
Er wirkt appetitanregend und in der indischen Heilkunde wird ihm nachgesagt, dass er zufriedener macht.

Sternanis
(Badian, China-Anis)
Sternanis ist die Frucht eines Magnolienbaumes. Die sternförmige Frucht schmeckt süßlich-würzig und ihr Geschmack ähnelt dem von Lakritze. Sein Duft ähnelt dem von Anis, aber der Geschmack ist wesentlich feiner und intensiver.
Sternanis ist der wichtigste Teil der chinesischen „Fünf-Gewürze-Mischung".

Man nimmt ihn zum Würzen von Geflügel und Schweinefleisch, zu pochiertem Fisch und Muscheln. Besonders gut passt er zu Kompotten, Kürbisgerichten und Pflaumenmus, zu Weihnachts- und Kleingebäck.
Sein ganz besonderes Aroma entfaltet er am besten in heißen Getränken wie Tee-, Punsch- und Rumgetränken.
In China sagt man, dass Sternanis schüchterne Menschen selbstbewusster und kontaktfreudiger macht.
Und in der Heilkunde heißt es, Sternanis sei allgemein anregend und harntreibend und helfe gegen Halsschmerzen.

Fertige Würzsaucen

Austernsauce
Eine dickflüssige, braune Sauce, hergestellt aus Soja, in Salzwasser gekochten Austern, Stärke, Klebreis, Salz und Zucker.
Diese Sauce ist sehr aromatisch und verleiht Gemüse- und Hühnerfleischgerichten einen wunderbaren Geschmack.

Chilisauce
Wie der Name schon verrät, eine sehr scharfe Sauce. Ihre Bestandteile sind Chilis, Essig, Salz und Pflaumen.
Die Chilisauce aus asiatischen Ländern ist schärfer, die Saucen aus europäischen oder amerikanischen Ländern haben einen süßlicheren Geschmack.

Hoisinsauce
Eine süße, würzige Sauce. Die Rezeptur besteht aus Sojabohnen, Chili, Knoblauch und verschiedenen Gewürzen. Sie ist eine hervorragende Würzsauce für Schweinefleisch, Saucen und zum Herstellen von Marinaden.

Pflaumensauce
Eine würzige, süß-scharfe Sauce. Wird aus Pflaumenmus, Chilis, Essig, Gewürzen und Zucker hergestellt.

Tabasco
Eine sehr scharfe Würze, deshalb sollte man sie nur tropfenweise verwenden.
Hergestellt wird diese Würzsauce aus mexikanischen Chilis.
Sie bereichert alle Speisen, die eine gewisse Schärfe haben sollen.

Worcestersauce
Eine englische Würzsauce.
Kann für alle Speisen verwendet werden.
Ihr Geschmack rundet jede Speise wunderbar ab.

Sesampaste
Wird aus gemahlenen Sesamsamen hergestellt und eignet sich zum Würzen von Fleisch, Fisch, Geflügel und Marinaden.

Sesamöl
Ein aromatisches, dunkles Öl aus gerösteten Sesamsamen. Es wird nur tropfenweise zum Pfannenrühren, Marinieren und Würzen von Suppen verwendet, da es einen sehr eigenen Geschmack verleiht.

Chiliöl
Pflanzenöl mit grob zerriebenen Chilischoten.
Sie können es fertig kaufen oder selbst herstellen:
300 ml Pflanzenöl mit einer Hand voll getrockneten, zerbröselten und entkernten Chilis aufkochen und 2 Tage ziehen lassen. Dann durch ein Küchentuch abfiltern.
In eine dekorative Flasche füllen und nur tropfenweise, da es sehr scharf ist, zum Würzen verwenden.

Sojasauce
Es gibt sie in verschiedenen Variationen: hell, dunkel und süß.
Die helle Sojasauce ist nicht wirklich heller, jedoch dünnflüssiger und hat ein leicht salziges Aroma.
Die – länger gereifte – dunkle Sojasauce ist dickflüssiger und süßlich im Aroma. Sojasaucen, ob hell oder dunkel, finden in der asiatischen Küche bei fast allen Speisen Verwendung.
Sojasaucen können auch als Dip z. B. zu Frittiertem verwendet werden.

Mc ILHENNY CO
TABASC
BRAND
PEPPER SAUCE
57 ml
MADE IN U.S.A.
AVERY ISLAND
LA.

Vorbereitung

Das richtige Schneiden von Gemüse

Richtig geschnittenes Gemüse, Fleisch und Fisch sind das Geheimnis der asiatischen Küche und Voraussetzung für das Kochen im Wok.
Der Wok zeichnet sich durch sehr kurze Garzeiten aus. Man kann die unterschiedlichen Garzeiten der verschiedenen Gemüse-, Fleisch- und Fischsorten, die beim Kochen im Wok miteinander vermischt werden, durch die Größe der Würfel, Scheiben oder Streifen ausgleichen.

Faustregel:
Je fester und härter die Struktur z. B. von Gemüse oder Fleisch ist, desto kleiner sind die Würfel, Scheiben oder Streifen zu schneiden.

Feste, harte Gemüse wie z. B. Karotten, Paprika, Kraut und Sellerie werden in ca. 3 mm starke Würfel oder in ganz dünne Fäden geschnitten, denn sie geben beim Braten mit hohen Temperaturen keinen Saft ab.
Beim Pfannenrühren reichen dann Garzeiten von 4-5 Minuten aus.
Weiche Gemüse wie Pilze oder Zucchini werden in ca. 5 mm feine Würfel, Scheiben oder Streifen geschnitten.
Aus Fisch oder Hühnerfleisch schneidet man größere, aus Schweine- oder Rindfleisch kleinere Würfel oder Streifen.

Hilfreich für ein müheloses Schneiden ist ein großes, scharfes Messer.
Sehr zu empfehlen ist ein langes, festes Messer mit einer breiten Schneide oder ein chinesisches Küchenbeil.
Mit diesem Werkzeug lässt sich nicht nur hervorragend das Gemüse verarbeiten, Sie können es auch zusätzlich zum Zerlegen von Hähnchen benutzen, denn mit einem Küchenbeil lassen sich Hühnerknochen mühelos durchtrennen.
Sehr wichtig und nützlich ist auch ein großes Schneidebrett. Das Fleisch, das Gemüse und die Kräuter müssen vor Kochbeginn geschnitten sein, denn die Zutaten kommen schnell hintereinander in den Wok. Auf einem großen Brett haben Sie die Möglichkeit, die vorbereiteten Zutaten in kleinen Häufchen übersichtlich zu platzieren.
Eine sehr gute Hilfe sind außerdem mehrere Glasschälchen in verschiedenen Größen, in die man z. B. die vorbereiteten Geschmackszutaten wie Knoblauch, Ingwer und Zwiebeln griffbereit einfüllt.

In Würfel schneiden:
Das zu schneidende Fleisch oder Gemüse zuerst in 5 mm starke Scheiben schneiden. Anschließend die Scheiben übereinander legen und in 5 mm dünne Streifen schneiden, zum Schluss in 5 mm kleine Würfel.

In Streifen schneiden:
Zunächst das Fleisch oder das Gemüse in möglichst feine Scheiben schneiden.
Z. B. hobelt man Sellerie zuerst in feine Scheiben, stapelt die Scheiben aufeinander und schneidet gleichmäßige, dünne Streifen. Kohl oder Lauch zerfallen von selbst in feine Streifen.

In Rauten schneiden:
Bei manchen Gemüsen wie z. B. Bambussprossen bietet es sich durch ihre Form an, sie in Rauten zu schneiden. Zuerst werden die bereits breiten Streifen auf ein gleiches Maß geschnitten, dann diagonal in Rauten.

Diagonal schneiden:
Das Gemüse gut festhalten und mit schräg gestellter Klinge in der gewünschten Länge abschneiden (z. B. Frühlingszwiebeln).

In Fäden schneiden:
Zuerst das Gemüse in ca. 3 cm lange Stücke schneiden, die Stücke längs in Scheiben und dann in dünne Fäden schneiden. Hierzu eignen sich z. B. besonders Karotten und Knollensellerie.

Vorbereitung

So wird Geflügel für den Wok vorbereitet und zerteilt

Nach diesem Schema können Sie alle Geflügelarten zerlegen. Größere Geflügelarten für die asiatische Küche und für manche internationale Eintopfgerichte müssen in mundgerechte Stücke zerlegt werden. Sie brauchen dazu ein großes Hackbrett, ein Küchenbeil und ein langes, scharfes, stabiles Küchenmesser.
Bevor Sie mit dem Zerlegen beginnen, sollten Sie die Gelenke ertasten, um das Messer richtig ansetzen zu können und nicht auf den Knochen zu treffen.
Noch einen Hygienehinweis sollten Sie bei Geflügel jeder Art immer beachten:
Um einer Salmonellenvergiftung vorzubeugen, reinigen Sie sofort nach dem Zerlegen eines ungegarten Hähnchens Hackbrett, Hackbeil und Messer gründlich mit heißem Wasser.

Abtrennen der Schenkel

Das Geflügel mit der Brust nach oben auf das Brett legen. Die Keulen etwas vom Rumpf abwinkeln und die Haut zwischen Oberschenkel und Rumpf ringsum durchschneiden. Die Schenkel nach außen biegen, das Gelenk mit den Fingern ertasten und mit einem Schlag das Gelenk durchtrennen.
Beim Teilen der Schenkel wird der ganze Hähnchenschenkel mit der Hautseite nach oben auf das Hackbrett gelegt, mit den Fingern das Gelenk ertastet, das Beil genau am Gelenk angesetzt und mit einem Schlag durchtrennt.

Abtrennen der Flügel

Das halbe Hähnchen flach mit der Hautseite nach oben auf das Küchenbrett drücken, sodass sich der Flügel abspreizt. Mit den Fingerspitzen das Flügelgelenk ertasten, das Fleisch festhalten und mit einem Schlag das Gelenk durchtrennen.

Auslösen der Brust

Das Hähnchen mit der Bauchseite nach oben auf das Brett legen. Mit dem Messer am Brustbein entlang die Haut und das Fleisch bis auf den Knochen durchschneiden, anschließend mit dem Küchenbeil die Rippen durchtrennen.
Mit dem scharfen Messer das Bruststück vom Rücken trennen.

Für die asiatische Küche werden diese Teile anschließend in mundgerechte, ca. 3-4 cm große Stücke geschnitten.

Bearbeiten von rohem Fisch

Faustregel:
Säubern, Säuern, Salzen.
Dies sollte gleich nach dem Kauf erledigt werden, bevor Sie den Fisch im Kühlschrank aufbewahren.

Säubern
Ganze, ausgenommene Fische sollten unter fließendem, kaltem Wasser innen und außen sehr gründlich gereinigt werden. Danach mit Küchenpapier trocknen, damit das Fleisch nicht auslaugt.

Säuern
Das Fleisch des Fisches wird weißer und fester, wenn Sie es mit Zitronensaft beträufeln. Dies hat auch noch den Vorteil, dass durch die Zitrone der – manchmal sehr unangenehme – Geruch vermindert wird.

Salzen
Bei Fischen, die längere Zeit zur Kühlung auf Eis liegen, kann es vorkommen, dass das Fleisch wässrig wird. Durch das Salzen wird Wasser entzogen und schlaffes, wässriges Fleisch wird wieder kräftiger.

Fisch küchenfertig vorbereiten

1. Es ist ratsam, die Flossen mit einer Küchenschere abzuschneiden. Eine mögliche Verletzung durch die Stacheln an den Rückenflossen – besonders bei Seefischen – ist damit ausgeschlossen.

2. Mit einem großen Messer, das Sie senkrecht halten sollten, werden die Schuppen von hinten nach vorne abgeschabt.

3. Die Kiemen entfernen Sie, indem Sie mit den Fingerspitzen unter die Kiemendeckel greifen und diese mit einem Ruck herausziehen. Wichtig ist auch, dass die Öffnung gleich ausgewaschen wird.

4. Der Bauch des Fisches wird von hinten nach vorne mit einem scharfen Messer aufgeschnitten und die Innereien vorsichtig, damit die Gallenblase nicht verletzt wird, herausgenommen.
Die Rückenflosse ausschneiden und mit einem Teelöffel das Blut herausschaben. Anschließend den Fisch unter fließendem, kaltem Wasser innen und außen gut waschen.

Das Filetieren von rohem Fisch

1. Mit dem Küchenbeil oder einem schweren Messer wird der Kopf des Fisches an der Kiemenrundung entlang abgetrennt.

2. Mit einem Messer, das Sie waagerecht halten, schneiden Sie den Fisch am Rücken entlang zum Schwanz hin an der Mittelgräte ein und heben das obere Filet ab.

3. Die Mittelgräte mit der Hand anfassen und vom unteren Filet abheben, dabei mit dem Messer an den Bauchgräten entlangfahren.

4. Mit einem Küchenpapier, das Sie um den Schwanz des Fisches legen, damit Sie ihn leichter festhalten können und nicht abrutschen, und einem langen Messer mit einer biegsamen Klinge wird das Fleisch von der Haut abgetrennt. Schneiden Sie von hinten her das Fleisch, flach auf die Unterlage drückend, von der Haut ab.

5. Mit den Fingerspitzen gleiten Sie in der Filetmitte von vorne nach hinten, damit Sie noch verbliebene Gräten aufspüren und diese mit einer Pinzette entfernen können.

Ingwersuppe mit Schweinefleisch und Pilzen

Zutaten:

25 g Mu Err-Pilze	
175 g mageres Schweinefleisch	
2-3 EL Erdnuss- oder Maiskeimöl	
50 g frischer Ingwer	
2 Knoblauchzehen	
1 EL Weißwein	
eine Prise Salz	
2 TL helle Sojasauce	
1 l Gemüsebrühe	
3 Frühlingszwiebeln	
150 g Reisnudeln	

Zubereitung:

1. Die Mu Err-Pilze mit heißem Wasser übergießen und ca. 30 Minuten einweichen, anschließend größere Pilze zerteilen.

2. Für die Reisnudeln reichlich Wasser zum Kochen bringen, den Topf von der Herdplatte nehmen, die Nudeln in das Wasser geben und ca. 4 Minuten ziehen lassen. Anschließend die Nudeln durch ein Sieb abgießen, abschrecken und beiseite stellen.

3. Das Fleisch in ca. 5 mm dicke und 2 cm lange Streifen schneiden.

4. Den Ingwer und den Knoblauch schälen und fein hacken.

5. Den Wok erhitzen, das Öl darin heiß werden lassen und Ingwer und Knoblauch darin goldgelb anbraten. Das Fleisch zugeben und so lange braten, bis der ausgetretene Bratensaft verdampft ist, dabei salzen.

6. Die Pilze unterrühren und ca. eine Minute weiterbraten.

7. Mit Wein, Sojasauce und Gemüsebrühe angießen und zum Kochen bringen. Mit geschlossenem Deckel ca. 10-15 Minuten bei geringer Hitze weiterkochen lassen.

8. In der Zwischenzeit die Frühlingszwiebeln putzen und in ca. 1 cm lange Stücke schneiden.

9. Die Nudeln in die Suppe geben, kurz erwärmen, die Frühlingszwiebeln unterrühren und servieren.

Glasnudelsuppe

Zutaten:

100 g Glasnudeln
2 Karotten
5 Frühlingszwiebeln
1 kleine Schalotte
150 g frische Champignons
2 EL Sesamöl
1 l Gemüsebrühe
2 EL Sojasauce
Salz
Pfeffer
einige Spritzer Worcestersauce

Zubereitung:

1. Die Glasnudeln in warmem Wasser ca. 30 Minuten einweichen. Danach mit einer Haushaltsschere in kleine Stücke schneiden, aus dem Wasser herausnehmen und beiseite stellen.

2. Die Karotten schälen und in feine Streifen schneiden.

3. Die Schalotte schälen und in 8 Stücke teilen.

4. Die Frühlingszwiebeln putzen und in 5 mm starke Ringe schneiden.

5. Die Champignons putzen und blättrig schneiden.

6. Den Wok erhitzen, das Öl zugeben und heiß werden lassen. Im heißen Fett zuerst die Karotten und die Schalotten andünsten. Nach ca. 2 Minuten die Champignons zugeben und mitdünsten, nach weiteren 2 Minuten die Frühlingszwiebeln in den Wok geben und unterrühren. Die Brühe angießen, mit Sojasauce würzen und die Glasnudeln ca. 8 Minuten darin bei geringer Hitze weiterkochen.

7. Die Suppe mit Salz, Pfeffer und Worcestersauce abschmecken und servieren.

Reissuppe mit Hühnerfleisch

Zutaten:

1 Tasse Reis
1 Hühnerbrüstchen
1 EL Sonnenblumenöl
1 Bund Frühlingszwiebeln
25 g getrocknete Mu Err-Pilze
100 g Sojakeime
100 g frische kleine Champignons
100 g grüne Erbsen
1 l Geflügelbrühe
2 EL Hoisinsauce
1/2 TL frischer, geriebener Ingwer
Salz
Pfeffer
1 TL Glutamat
4 cl Sherry
1 Bund Schnittlauch

Zubereitung:

1. Reis in Salzwasser kochen.

2. Die getrockneten Pilze ca. 30 Minuten in heißem Wasser einweichen.

3. Das Hühnerbrüstchen in ganz kleine Würfelchen schneiden.

4. Die Frühlingszwiebeln und die frischen Champignons putzen. Die Frühlingszwiebeln in feine Ringe und die Champignons in dünne Scheiben schneiden.

5. Die eingeweichten Pilze aus dem Wasser nehmen, etwas ausdrücken und in ganz kleine Stücke schneiden.

6. Den Wok erhitzen, das Öl zugeben und das Hühnerfleisch rundherum leicht anbräunen.

7. Die Frühlingszwiebeln und die chinesischen Pilze kurz mit durchrühren und anschwitzen.

8. Nun die Sojakeime, die Champignons und die Erbsen in den Topf geben und alles unter ständigem Rühren garen.

9. Mit der Geflügelbrühe auffüllen und den fertigen Reis zugeben.

10. Die Suppe mit Hoisinsauce, geriebenem Ingwer, Salz, Pfeffer und Glutamat abschmecken und mit dem Sherry verfeinern. Die Temperatur reduzieren und die Suppe bei geringer Hitze weiterkochen lassen.

11. Den Schnittlauch waschen, trocknen und klein schneiden, über die Suppe streuen und sofort servieren.

Kräutersuppe mit Sojasprossen

Zutaten:

1 l Gemüsebrühe
2 Schalotten
2 Karotten
1 Bund Schnittlauch
1/2 Bund Petersilie
1/2 Bund Kerbel
100 ml süße Sahne
Salz
Pfeffer
1 EL Butter
1 Dose Sojasprossen

Zubereitung:

1. Die Schalotten und die Karotten schälen, die Schalotten in kleine Würfel und die Karotten in feine Fäden schneiden. 3 EL Karottenfäden zur Dekoration auf die Seite geben.

2. Die Kräuter waschen, trocknen und klein hacken.

3. Die Brühe kochen und das Gemüse in die Brühe geben. Die Temperatur reduzieren.

4. Wenn die Brühe nicht mehr so heiß ist, die Kräuter und die Sahne in die Suppe einrühren und mit Salz und Pfeffer abschmecken.

5. Die Sojasprossen durch ein Sieb abschütten, mit kaltem Wasser abspülen und gut abtropfen lassen.

6. Im Wok die Butter schmelzen, die Sojasprossen darin schwenken und dabei erwärmen.

7. Die Suppe mit einem Pürierstab aufschäumen und die heißen Sprossen zugeben.

8. Auf Tellern anrichten und mit den Karottenfäden verzieren.

Reissuppe mit Ingwer

Zutaten:

150 g mageres Schweinefleisch
2 Schalotten
1-2 EL frischer Ingwer
1 Tasse Reis
1 große Karotte
200 g Brokkoli
1 EL Olivenöl
3-4 getrocknete asiatische Pilze
Salz
Pfeffer
1 1/2 l Gemüsebrühe
1/2 Bund Schnittlauch

Zubereitung:

1. Die getrockneten Pilze ca. 30 Minuten in heißem Wasser einweichen.

2. Das Schweinefleisch in ganz kleine Würfelchen schneiden.

3. Die Schalotten und den Ingwer schälen, die Schalotten in 8 Stücke schneiden und den Ingwer fein hacken.

4. Die Karotte schälen und in feine Scheiben schneiden.

5. Den Brokkoli waschen und in kleine Röschen zerteilen.

6. Den Wok erhitzen, das Öl darin heiß werden lassen und das Fleisch kurz anbraten.

7. Die Schalotten, den Ingwer und die Pilze in den Wok geben und mitbraten.

8. Die Tasse ungekochten Reis in den Wok dazugeben und mit den Zutaten und dem Öl verrühren. Kurz anbraten und alles mit Salz und Pfeffer würzen. Anschließend mit Brühe angießen und aufkochen lassen.

9. Die Karotten und den Brokkoli in den Wok geben, durchrühren, den Deckel schließen und bei reduzierter Temperatur die Suppe ca. 20 Minuten weiterkochen lassen. Gelegentlich umrühren, damit sich der Reis nicht ansetzt.

10. In der Zwischenzeit den Schnittlauch waschen, trocknen und klein schneiden.

11. Die Suppe in den Tellern verteilen, mit Schnittlauch bestreuen und servieren.

Tomatensuppe mit Sojasprossen

Zutaten:

1 Zwiebel
1 Knoblauchzehe
2 EL Butter
1 kleiner Rosmarinzweig
1 große Dose pürierte Tomaten
Salz
Pfeffer
etwas brauner Zucker
Worcestersauce
1 Dose Sojasprossen
4 EL Crème fraîche
ein Schuss Reisschnaps o. Gin

Zubereitung:

1. Die Zwiebel und die Knoblauchzehe schälen und klein schneiden.

2. Den Wok erhitzen, die Butter darin schmelzen und Zwiebel und Knoblauch darin goldgelb anbraten.

3. Den Rosmarinzweig waschen, das Wasser abschütteln und in den Wok geben.

4. Die Tomaten zugeben und durchrühren.

5. Mit Salz, Pfeffer, braunem Zucker und Worcestersauce abschmecken. Die Temperatur reduzieren und die Suppe bei kleiner Flamme weiterkochen.

6. Die Sojasprossen durch ein Sieb abschütten, mit kaltem Wasser abspülen und gut abgetropft in die Suppe geben, damit sie heiß werden.

7. Kurz vor dem Servieren den Rosmarinzweig entfernen, die Crème fraîche unterziehen und die Suppe mit einem Schuss Reisschnaps oder Gin verfeinern.

Süßsaure Suppe

Zutaten:

- 6 getrocknete Tongu-Pilze
- 150 g mageres Schweinefleisch
- 1 Schalotte
- 1 Karotte
- 1 Stück Sellerie
- 200 g Sojasprossen aus der Dose
- 1 EL Butter
- 1 l Geflügelbrühe
- 1 EL dunkle Sojasauce
- 1 TL Tomatenmark
- 2 EL Essig
- 1 EL Speisestärke
- 3 EL brauner Zucker
- 2 Frühlingszwiebeln
- Salz
- Pfeffer

Zubereitung:

1. Die getrockneten Pilze ca. 30 Minuten in heißem Wasser einweichen.

2. Das Fleisch in kleine Würfel schneiden.

3. Die Sojasprossen durch ein Sieb abschütten, mit kaltem Wasser abspülen und gut abtropfen lassen.

4. Die Schalotte schälen und in kleine Würfel schneiden.

5. Die Karotte und den Sellerie putzen und in dünne Fäden schneiden.

6. Die Pilze aus dem Einweichwasser nehmen, ausdrücken und ebenfalls sehr klein schneiden.

7. Die Frühlingszwiebeln waschen, in Ringe schneiden und beiseite stellen.

8. Den Wok erhitzen, die Butter darin schmelzen und die Schalotte darin glasig dünsten.

9. Die fein geschnittenen Gemüse und die Pilze zugeben und ca. 2-3 Minuten pfannenrühren.

10. Anschließend mit der Brühe aufgießen, die Sojasprossen in den Wok geben und ca. 5 Minuten bei geringer Hitze weiterkochen lassen.

11. In der Zwischenzeit in einer kleinen Schüssel Sojasauce, Tomatenmark, Essig, Speisestärke und Zucker verrühren und in die Suppe einlaufen lassen.

12. Die Suppe mit Salz und Pfeffer würzen und zum Schluss die Frühlingszwiebeln unterrühren.

Maissuppe mit Krabben

Zutaten:

1 rote Paprikaschote
1 kleine Chili
1 Bund Frühlingszwiebeln
100 g Krabben
500 g Mais aus der Dose
2 EL Sesamöl
1 l Gemüsebrühe
1 Schuss Sherry
1 EL Sojasauce
etwas brauner Zucker
1 EL Speisestärke
2 Eiweiß
Salz
Pfeffer
1/2 Bund Schnittlauch

Zubereitung:

1. Die Paprikaschote und die Chili waschen, abtrocknen, vierteln, die Kerne entfernen und das Fruchtfleisch in kleine Würfel schneiden.

2. Die Frühlingszwiebeln waschen und in feine Ringe schneiden.

3. Den Mais durch ein Sieb abschütten, mit kaltem Wasser abspülen und gut abtropfen lassen. Die Hälfte mit einem Pürierstab pürieren.

4. Den Wok erhitzen, das Öl darin heiß werden lassen, die Zwiebelringe und die Paprika- und Chiliwürfel darin glasig dünsten.

5. Die Krabben unter Rühren in den Wok geben und 2-3 Minuten mitschwitzen.

6. Den ganzen und den pürierten Mais zugeben und durchrühren, mit der Brühe angießen.

7. Sherry, Sojasauce, Zucker und Speisestärke miteinander verrühren und die Suppe damit binden. Die Temperatur reduzieren und die Suppe bei geringer Hitze weiterkochen lassen.

8. In der Zwischenzeit die Eier trennen und das Eiweiß verschlagen. Das Eigelb kann anderweitig verwendet werden.

9. Den Schnittlauch waschen, trocknen und klein schneiden.

10. Das steif geschlagene Eiweiß in die Suppe einrühren, mit Salz und Pfeffer abschmecken und mit dem Schnittlauch bestreut servieren.

Sauerscharfe Suppe

Zutaten:

25 g getrocknete Mu Err-Pilze
150 g mageres Schweinefleisch
100 g Bambussprossen aus der Dose
125 g Tofu
1 l Hühnerbrühe
1 EL Sojasauce
2 EL Essig
1 EL Speisestärke
3 EL Hühnerbrühe (kalt)
1 EL Chiliöl
2 Eier
1 EL Sesamöl
3 Frühlingszwiebeln
Salz
Pfeffer

Zubereitung:

1. Die getrockneten Pilze ca. 30 Minuten in lauwarmem Wasser einweichen.

2. Das Schweinefleisch in kleine Würfel schneiden.

3. Die Bambussprossen durch ein Sieb abschütten, abtropfen lassen und in Streifen schneiden.

4. Den Tofu klein würfeln.

5. Die Pilze gut ausdrücken und klein würfeln.

6. Die Frühlingszwiebeln waschen, putzen und in nicht zu dünne Ringe schneiden.

7. Im Wok die Hühnerbrühe zum Kochen bringen, die Temperatur reduzieren und das Fleisch und die Pilze zusammen mit den Bambussprossen und dem Tofu ca. 5 Minuten darin ziehen lassen.

8. In einem Gefäß mit einem Schneebesen oder einer Gabel Sojasauce, Essig, Speisestärke, kalte Brühe und das Chiliöl verrühren. In die heiße Brühe gießen und einmal richtig aufkochen lassen.

9. In der Zwischenzeit die Eier verquirlen und unter Rühren langsam in die Suppe einlaufen lassen, anschließend die Suppe vom Herd nehmen.

10. Das Sesamöl und die Frühlingszwiebelringe in die Suppe einrühren, mit Salz und Pfeffer würzen und servieren.

BENTENG SUPERIOR MANIS
Indonesische
Sojasauce
süß

Asiatische Spezialitäten – Vorspeisen

Sollten Sie zu wenig Zeit haben, um Ihren Nudelteig selbst herzustellen, können Sie die fertigen Teigplatten, die Sie für die Frühlingsrollen oder die Wan-tans benötigen, in gut sortierten Supermärkten oder in Asialäden kaufen.

Zur Zubereitung von Frühlingsrollen können Sie auch transparente Reisblätter verwenden.
Die Reisblätter werden auf einem nassen Küchentuch nebeneinander ausgelegt, mit Wasser besprüht und mit einem 2. Tuch abgedeckt, damit sie langsam weich werden.
Der Nudelteig ist sehr einfach selbst herzustellen, Sie müssen nur einkalkulieren, dass der Teig 1-1 1/2 Stunden ruhen muss.

Frühlingsrollen

Grundrezept Nudelteig mit Eiern

250 g Mehl
3 Eier
eine Prise Salz
Mehl zum Ausrollen

1. Das Mehl in eine Schüssel sieben, mit den Eiern und dem Salz gut verrühren und einen glatten Teig herstellen.

2. Der Teig sollte unbedingt ca. 1-1 1/2 Stunden im Kühlschrank ruhen, damit er sich gut weiterverarbeiten lässt.

3. Auf der bemehlten Arbeitsfläche den Teig dünn ausrollen, auf die gewünschte Größe für Wantans oder Frühlingsrollen zurechtschneiden, befüllen und garen. Für Wan-tans die Teigquadrate ca. 6 x 6 cm, für Frühlingsrollen Rechtecke ca. 10 x 12 cm groß ausschneiden.

Frühlingsrollen-Füllung mit Hühnerfleisch

200 g Mungobohnensprossen
4 Austernpilze
100 g Bambussprossen aus dem Glas
4 Frühlingszwiebeln
200 g Hühnerbrustfleisch
2 EL Sojaöl
1 TL Speisestärke
2 EL Austernsauce
1 EL trockener Sherry
1 TL brauner Zucker
Fünf-Gewürze-Pulver
Salz
Pfeffer

1. Den Nudelteig herstellen und mindestens 1 Stunde im Kühlschrank ruhen lassen, damit er sich gut weiterverarbeiten lässt.

2. Die Mungosprossen in kochendem Wasser 30 Sekunden blanchieren, durch ein Sieb abgießen, mit kaltem Wasser abschrecken und gut abtropfen lassen.

3. Die Austernpilze putzen und in feine Streifen schneiden.

4. Die Bambussprossen durch ein Sieb abgießen, gut abtropfen lassen und in feine Streifen schneiden.

5. Die Frühlingszwiebeln putzen, waschen und in Ringe schneiden.

6. Die Hühnerbrust in kleine Stücke zerteilen.

7. Den Wok erhitzen, das Öl heiß werden lassen und das Fleisch darin anbraten. Nach und nach die Zwiebelringe und die Mungo- und Bambussprossen sowie die Pilze zugeben und ca. 2 Minuten mitanbraten.

8. Die Speisestärke mit etwas Wasser verrühren und unterrühren.

9. Die Füllung mit Austernsauce, Sherry, Zucker, Fünf-Gewürze-Pulver, Salz und Pfeffer abschmecken, abkühlen lassen und die Teigblätter damit füllen.

Frühlingsrollen mit vegetarischer Füllung

25 g getrocknete Mu Err-Pilze
4 getrocknete Tongu-Pilze
1 Karotte
4 Lauchzwiebeln
500 g Tofu
1/2 TL Salz
1/2 TL Hoisinsauce
100 g Sojasprossen aus dem Glas

1. Den Nudelteig herstellen und mindestens 1 Stunde im Kühlschrank ruhen lassen, damit er sich gut weiterverarbeiten lässt.

2. Die getrockneten Pilze ca. 30 Minuten in heißem Wasser einweichen.

3. Den Tofu in kleine Würfel schneiden und in eine Schüssel geben.

4. Die Karotte schälen und in dünne Fäden schneiden, die Lauchzwiebeln putzen und in feine Ringe schneiden. Beide Gemüse zu dem Tofu geben.

5. Die Pilze aus dem Einweichwasser nehmen, gut ausdrücken und in sehr feine Streifen schneiden. Ebenfalls zum Tofu geben, alles miteinander gut verrühren, mit Salz und Hoisinsauce abschmecken.

6. Die Sojasprossen durch ein Sieb abschütten, mit kaltem Wasser abspülen, gut abtropfen lassen und zum Schluss unter die Füllung mischen.

7. Den Teig auf der bemehlten Arbeitsfläche dünn ausrollen, in ca. 10 x 15 cm große Platten schneiden und die Füllung so darauf verteilen, dass der Rand ringsum frei bleibt. Von den Längsseiten die Enden knapp einschlagen und die Frühlingsrollen mit den Seitenteilen verschließen. Wenn nötig, die Ränder mit etwas verrührtem Eiweiß bestreichen, damit die Frühlingsrollen beim Garen nicht aufgehen. Die Frühlingsrollen können entweder im Wok frittiert oder mit ausreichend Pflanzenfett oder Öl gebraten werden.

Süßsaurer Dip für Frühlingsrollen

1 TL frischer, gehackter Ingwer
1 Knoblauchzehe
4 EL pürierte Tomaten (aus der Packung)
1/8 l Rotweinessig
1 TL Salz
Pfeffer
100 g brauner Zucker
2 EL Sherry
3 EL kalte Hühnerbrühe
1 EL Sesamöl
1 EL Chilibohnenpaste

Alle Zutaten im Wok langsam erhitzen, ca. 3 Minuten unter ständigem Rühren weiterkochen lassen, von der Herdplatte nehmen und erkalten lassen.
Dieser Dip ist, wenn Sie ihn in ein Schraubglas füllen und im Kühlschrank aufbewahren, ca. 2-3 Wochen haltbar.

Ingwersauce süßsauer

2 Schalotten
1 Knoblauchzehe
1 EL frischer, gehackter Ingwer
2 EL feines Olivenöl
2 EL helle Sojasauce
2 EL trockener Sherry
1 EL Essig
2 EL brauner Zucker
125 ml Wasser
1 EL Speisestärke

1. Die Schalotten, Knoblauch und Ingwer schälen und fein würfeln.

2. Sojasauce, Sherry, Essig, Wasser und Zucker in einem Gefäß verrühren und beiseite stellen.

3. Die Speisestärke mit 2 EL Wasser glatt rühren und ebenfalls beiseite stellen.

4. Den Wok erhitzen, das Öl darin heiß werden lassen.

5. Schalotten, Knoblauch und Ingwer darin ca. 2 Minuten pfannenrühren.

6. Mit den verrührten Zutaten angießen, alles gut vermischen und kurz aufkochen.

7. Die Sauce mit Speisestärke binden und so lange rühren, bis sie eindickt.

Diese Sauce passt zu Vorspeisen, Fisch, Geflügel und Fleisch.

Ei-Senf-Sauce

3 Eigelb
3 EL Öl
2 EL Speisestärke
1/2 TL Kräutersenf
Salz
Pfeffer
einige Spritzer Worcestersauce

1. Die Eier trennen und das Eigelb mit 1 EL Wasser mit einem Schneebesen aufschlagen, das Eiweiß anderweitig verwenden.

2. Das Öl mit der Speisestärke in einen Topf geben und unter Rühren erhitzen.

3. Den Senf untermischen, mit Salz, Pfeffer und Worcestersauce würzen.

4. Die Hitze reduzieren, damit die Sauce nicht gerinnt, wenn Sie die Eimischung unter ständigem Rühren langsam einlaufen lassen.

Crème fraîche-Sauce mit Mandeln

10 g geschälte Mandeln
200 ml Crème fraîche
2 EL Milch
1 Spritzer Tabasco
Salz
Pfeffer
1/2 Bund Schnittlauch

1. Die Mandeln klein hacken und in einer Pfanne ohne Fett anrösten, bis sie duften.

2. In einer Schüssel Crème fraîche, Milch, Tabasco und die Mandeln verrühren, mit Salz und Pfeffer abschmecken.

3. Den Schnittlauch waschen, trocknen, in kleine Röllchen schneiden und in den Dip rühren.

Pflaumen-Dip süßscharf

- 200 g Pflaumenmus
- 1 TL frischer Ingwer
- 1 TL Sojasauce
- 1 TL Hoisinsauce
- 1 TL Essig
- 1/4 TL Chilipulver

1. Den Ingwer schälen und klein hacken.
2. In einer Schüssel alle Zutaten gut miteinander verrühren.

Sie können den Dip zu Geflügel oder Fleisch servieren.

Tomaten-Dip mit Tofu

- 125 g Tofu
- 125 ml Tomatensaft
- 2 EL helle Sojasauce
- 3 Spritzer Tabasco
- Pfeffer
- 1 TL gehacktes Basilikum
- 1 TL Zitronensaft
- 4 EL Erdnussöl
- etwas brauner Zucker

Die Zutaten nacheinander in eine Schüssel geben und mit dem Pürierstab verrühren.

Dieser Dip ist sehr zu empfehlen für Krabben, Schweinefleisch, Geflügel und zu frischem Gemüse.

Gefüllte Salatblätter mit Rinderhackfüllung

1 Eissalat

für die Füllung:

50 g Austern aus der Dose
1 Knoblauchzehe
1 kleine rote, getrocknete Chili
2 EL Sesamöl
150 g Rinderhack
1 EL Sojasauce
2 EL asiatischer Reiswein oder Sherry
etwas brauner Zucker
Salz
Pfeffer
1 TL Speisestärke

1. Die Austern abgießen, jedoch etwas von der Sauce aufbewahren. Die Austern mit einen Messer grob zerkleinern.

2. Die Knoblauchzehe schälen und klein schneiden.

3. Bei der Chilischote die Kerne entfernen und die Chili zerbröseln.

4. Den Wok erhitzen und das Öl darin heiß werden lassen. Den Knoblauch im Fett goldgelb anbraten, die Chilibrösel zugeben und dann das Hackfleisch darin kross anbraten, salzen und pfeffern.

5. Die Austern mit der zurückbehaltenen Sauce unterrühren und erhitzen.

6. Das Hackfleisch mit Reiswein oder Sherry, Sojasauce, Zucker, Salz und Pfeffer abschmecken.

7. Die Speisestärke mit etwas Wasser glatt rühren und unter das Hackfleisch mischen, nochmals kurz aufkochen lassen, bis es abbindet.

8. Die Salatblätter auf der Arbeitsfläche auslegen, jedes Blatt mit ca. 2 EL der Füllung belegen und wie eine Roulade zusammenrollen, auf einer Platte anrichten und servieren.

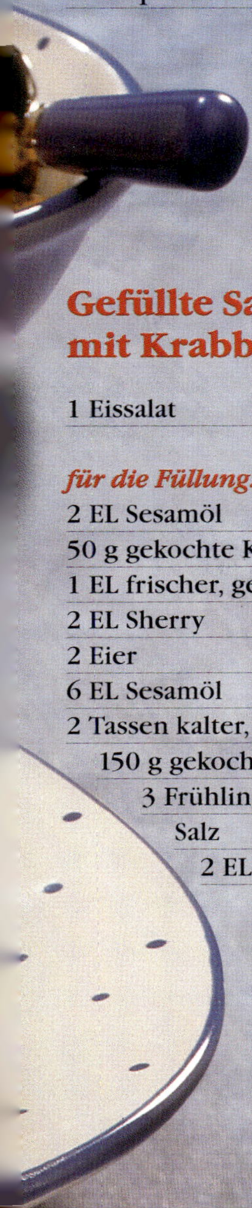

Gefüllte Salatblätter mit Krabbenfüllung

1 Eissalat

für die Füllung:

2 EL Sesamöl
50 g gekochte Krabben
1 EL frischer, gehackter Ingwer
2 EL Sherry
2 Eier
6 EL Sesamöl
2 Tassen kalter, gekochter Reis
150 g gekochter Schinken
3 Frühlingszwiebeln
Salz
2 EL Sojasauce

1. Den Reis in Salzwasser kochen.

2. Den Ingwer schälen und klein hacken.

3. Den Schinken in kleine Würfel schneiden.

4. Die Frühlingszwiebeln putzen und in feine Ringe schneiden.

5. Den Wok erhitzen und 2 EL Sesamöl darin heiß werden lassen. Die Krabben unter Rühren anbraten, den Ingwer zugeben, kurz durchrühren und mit dem Sherry ablöschen. Alles in eine Schüssel geben und beiseite stellen.

6. In einem Gefäß die Eier mit etwas Salz verquirlen.

7. Den Wok wiederum erhitzen und 2 EL Öl darin heiß werden lassen. Die verquirlten Eier großflockig stocken lassen, anschließend das Rührei aus dem Wok nehmen, auf einen Teller geben und beiseite stellen.

8. Den Wok erhitzen und die restlichen 4 EL Sesamöl darin heiß werden lassen. Den Reis zugeben und unter Rühren erwärmen.

9. Die Schinkenwürfel und die Frühlingszwiebeln in den Wok geben und mit dem Reis gut vermischen.

10. Zum Schluss heben Sie die Krabben und das Rührei vorsichtig unter den Reis und schmecken – wenn nötig – nochmals mit Salz und Sojasauce ab.

Diese Füllung können Sie kalt oder warm in die vorbereiteten Salatblätter einfüllen und zu Tisch geben.

Tofukugeln auf Feldsalat

Zutaten:

250 g Tofu
1 TL Sojasauce
1 Ei
50 g Honig
100 g Sesamsamen
4 EL Sesamöl
100 g Feldsalat

für das Dressing:

2 EL Essig
3 EL Sesamöl
1 EL Sherry
1 TL brauner Zucker
Salz
Pfeffer

Zubereitung:

1. Den Tofu in kleine mundgerechte Stückchen schneiden.

2. In einem Schälchen das Ei mit der Sojasauce verquirlen.

3. Den Honig erwärmen, bis er flüssig ist.

4. Die Sesamsamen auf einen Teller schütten.

5. Die Tofuwürfel werden nun vorsichtig im verquirlten Ei, dann im Honig und zum Schluss im Sesamsamen gewendet und paniert.

6. Den Wok erhitzen und das Öl darin heiß werden lassen. Die panierten Tofustückchen in den Wok geben und von allen Seiten goldbraun anbraten. Anschließend herausnehmen und auf Küchenpapier abtropfen und erkalten lassen.

7. In der Zwischenzeit den Feldsalat putzen, waschen und gut abtropfen lassen. Auf Tellern anrichten.

8. Die Zutaten für das Dressing in einem Gefäß verrühren, über den Salat träufeln und die Tofuwürfel draufsetzen.

Pilzpfanne mit Gemüse

Zutaten:

- 6 Mu Err-Pilze
- 2 EL Sojasauce
- 4 EL trockener Sherry
- 1 EL Speisestärke
- 1 kleine, rote Chilischote
- 2 Knoblauchzehen
- 1/2 TL frischer, gehackter Ingwer
- 1 gelbe Paprika
- 4 Frühlingszwiebeln
- 250 g Brokkoli
- 200 g kl. frische Champignons
- Zitronensaft
- 100 g Sojabohnenkeimlinge
- 2 EL Olivenöl
- 1 EL gehackte Petersilie

Zubereitung:

1. Die getrockneten Pilze ca. 30 Minuten in heißem Wasser einweichen.

2. Die Chili der Länge nach aufschneiden und die Kerne entfernen.

3. Die Knoblauchzehen und den Ingwer schälen, den Knoblauch klein schneiden und den Ingwer klein hacken.

4. Die Paprika waschen, vierteln, die Kerne entfernen und das Fruchtfleisch in dünne Streifen schneiden.

5. Die Frühlingszwiebeln putzen, waschen und in ca. 3 cm lange Stückchen schneiden.

6. Den Brokkoli waschen und anschließend in kleine Röschen teilen.

7. Die Champignons putzen, vierteln und mit Zitronensaft beträufeln, damit sie nicht braun werden.

8. Die Sojasauce und den Sherry mit der Speisestärke glatt rühren.

9. Die Mu Err-Pilze nach der Einweichzeit aus dem Wasser nehmen und in Streifen schneiden.

10. Den Wok ohne Öl stark erhitzen, dann erst das Öl zugeben. Den Knoblauch und den Ingwer darin unter Rühren anbraten.

11. Nun das Gemüse, je nach Garzeit, in den Wok geben. Zuerst die Paprika und den Brokkoli ca. 4 Minuten unter Rühren braten.

12. Dann die Champignons und die Mu Err-Pilze in den Wok geben und weitere 3 Minuten pfannenrühren.

13. Die Frühlingszwiebeln und die Sojakeimlinge zugeben und eine Minute mitgaren.

14. Die angerührte Sojasauce über das Gemüse gießen, gut vermischen und weiterrühren, bis die Sauce bindet.

15. Auf Tellern anrichten, mit Petersilie bestreuen und servieren.

Bambussprossen mit Pilzen

Zutaten:

12 getrocknete Mu Err-Pilze
1 Dose Bambussprossen
2 EL Olivenöl
1 kleine, rote Zwiebel
1 Knoblauchzehe
1/2 EL gehackter, frischer Ingwer

für die Sauce:
2 EL dunkle Sojasauce
2 TL Speisestärke
75 ml Wasser
Salz
Pfeffer
Chilipulver
1/2 TL brauner Zucker
1 Schuss trockener Rotwein
1/2 Bund Petersilie

Zubereitung:

1. Die Mu Err-Pilze ca. 30 Minuten in heißem Wasser einweichen.

2. Die Zwiebel, die Knoblauchzehe und den Ingwer schälen und die Zwiebel und den Knoblauch klein schneiden, den Ingwer klein hacken.

3. Die Petersilie waschen, trocknen und ebenfalls klein hacken.

4. Die Sojasauce mit Wasser, Speisestärke, Salz, Pfeffer, Chili und braunem Zucker verquirlen.

5. Die Bambussprossen in ein Sieb schütten, mit kaltem Wasser abspülen und abtropfen lassen.

6. Die Pilze aus dem Einweichwasser nehmen und in Streifen schneiden.

7. Sind die Vorbereitungen erledigt, den Wok ohne Öl stark erhitzen, das Öl zugeben und die Zwiebel, den Knoblauch und den Ingwer kurz anbraten.

8. Die abgetropften Bambussprossen und die Pilze zugeben und ca. 1-2 Minuten unter Rühren andünsten.

9. Die Sauce über das Gemüse geben und ca. 5 Minuten bei geschlossenem Topf schmoren lassen, gelegentlich umrühren.

10. Kurz vor dem Servieren den Rotwein zugießen, die Petersilie einstreuen und ca. 1 Minute durchziehen lassen.

Fleischbällchen mit Walnüssen auf süßsauerem Gemüse

Zutaten:
1 Brötchen vom Vortag
1 Zwiebel
1 Knoblauchzehe
1/2 Bund Petersilie
500 g gemischtes Hackfleisch
1 Ei
Salz
Pfeffer
200 g gehackte Walnüsse
125 ml Sesamöl

für das Gemüse:
1 rote Paprikaschote
1 gelbe Paprikaschote
1 grüne Paprikaschote
6 EL Sesamöl
125 ml Ananassaft
125 ml Brühe
2 EL Essig
2 EL Sojasauce
2 EL brauner Zucker
100 g Ananasstücke
1 TL Speisestärke
2 EL Wasser

Zubereitung:

1. Das Brötchen in heißem Wasser einweichen.

2. Die Zwiebel und den Knoblauch schälen und klein schneiden.

3. Die Petersilie waschen, trocknen und klein hacken.

4. Das Fleisch in eine Schüssel geben. Das eingeweichte Brötchen gut ausdrücken, zum Fleisch geben und zusammen mit der Zwiebel, dem Knoblauch, dem Ei, der Petersilie zu einem Fleischteig verkneten und mit Pfeffer und Salz abschmecken. Anschließend Bällchen von ca. 4 cm Durchmesser formen.

5. Die fein gehackten Walnüsse auf einen Teller schütten und die Fleischbällchen darin wälzen. Die Bällchen auf einen Teller setzen und beiseite stellen.

6. Die Paprikaschoten waschen, trocknen, vierteln, die Kerne entfernen und das Fruchtfleisch in Streifen schneiden.

7. Den Wok ohne Öl stark erhitzen, das Öl zugeben und sehr heiß werden lassen. Die Bällchen einige Minuten rundherum scharf anbraten, aus dem Fett nehmen und auf das Gitter am Wokrand setzen.

8. Die Paprikastreifen in den Wok geben und ca. 2-3 Minuten pfannenrühren. Mit braunem Zucker verfeinern.

9. Essig, Ananassaft, Brühe und Sojasauce dazugeben und weitere 5 Minuten unter Rühren garen. Zum Schluss die Ananasstücke zugeben.

10. Die Speisestärke mit dem Wasser glatt rühren und zum Paprikagemüse geben, nochmals aufkochen lassen.

11. Die Hitze reduzieren, die Bällchen auf das Gemüse geben, den Deckel schließen und ca. 2 Minuten durchziehen lassen.

Mit Reis servieren.

Leber mit Sternanis

Zutaten:

600 g Schweineleber

für die Marinade:
1 EL Sojasauce
2 EL Worcestersauce
2 EL trockener Sherry
Salz
2 ganze Sternanis
2 EL Honig

zusätzlich:
2 Bund Frühlingszwiebeln
3 EL Sesamöl

für die Sauce:
125 ml Brühe
2 EL Speisestärke
2 EL Sojasauce
1 EL trockener Sherry
Salz
Pfeffer

Zubereitung:

1. Die Leber waschen, trocknen und in ca. 3 cm große Stücke schneiden.

2. In einer Schüssel Sojasauce, Worcestersauce, Sherry, Salz, Sternanis und Honig gut verrühren. Die Leberstücke zugeben, umrühren und zugedeckt ca. eine Stunde im Kühlschrank durchziehen lassen, ab und zu durchrühren.

3. In der Zwischenzeit die Frühlingszwiebeln putzen, waschen und in ca. 3 cm lange, schräge Stücke schneiden.

4. Den Wok ohne Öl stark erhitzen, dann erst das Öl zugeben und die Frühlingszwiebeln darin andünsten.

5. Die Leberstücke ohne Marinade zugeben und mit der Speisestärke bestäuben, immer wieder pfannenrühren, damit alles in Bewegung ist. Die Leberstückchen sollten schön knusprig braun werden. Anschließend mit der Marinade und der Brühe aufgießen. Die Sauce aufkochen lassen, bis sie sämig wird.

6. Die Sauce mit Sojasauce, Sherry, Salz und Pfeffer abschmecken und mit Reis servieren.

เด็กคู่
ซอสหวาน
หยั่นหว่อหยุ่น
ปริมาตรสุทธิ 700 ซม.^{3}

Fissler
MADE IN GERMANY
magic line
X50 CR MO V15 180 20 062 18
Solingen

Schweinefleisch mit Ingwer

Zutaten:

600 g Schweineschnitzel

für die Marinade:
2 EL frischer, gehackter Ingwer
2 Knoblauchzehen
3 EL Sojasauce
2 EL Sherry
1/2 TL grober, schwarzer Pfeffer
1 EL Honig
3 EL Olivenöl
1 rote Paprikaschote
1 gelbe Paprikaschote
250 g Sojasprossen
Salz
etwas Honig
4 Frühlingszwiebeln

Zubereitung:

1. Das Schweinefleisch waschen, trocknen und in 1 cm dicke Streifen schneiden.

2. Den Ingwer und den Knoblauch schälen und klein hacken.

3. In einer Schüssel Sojasauce, Sherry, Honig, groben Pfeffer, Ingwer und Knoblauch verrühren, die Fleischstreifen zugeben und im Kühlschrank zugedeckt eine Stunde durchziehen lassen, ab und zu durchrühren.

4. In der Zwischenzeit die Paprikaschoten waschen, vierteln, Kerne entfernen und das Fruchtfleisch in Streifen schneiden.

5. Die Sojasprossen in ein Sieb schütten und mit kaltem Wasser abspülen.

6. Den Wok ohne Öl stark erhitzen, dann erst das Öl zugeben. Das Fleisch ohne Marinade und gut abgetropft ca. 2 Minuten scharf anbraten.

7. Das Paprikagemüse zum Fleisch geben und ca. 2 Minuten unter Rühren mitgaren.

8. Anschließend die Sojasprossen in den Wok geben und kurz unterheben, die Marinade zugießen, mit Salz abschmecken, mit dem Honig verfeinern und nochmals durchrühren.

9. Das Fleisch in eine Schüssel umfüllen, mit den Frühlingszwiebeln dekorieren und mit Reis servieren.

Schweinefilet mit Frühlingszwiebeln

Zutaten:

- 500 g Schweinefilet
- 1 EL Speisestärke
- 1 Eiweiß
- 5 Frühlingszwiebeln
- 2 Knoblauchzehen
- 2 EL Olivenöl
- Salz
- Pfeffer
- 1 EL Olivenöl
- 2 EL edelsüßer Paprika
- 200 g süße Sahne
- 1/2 Bund Kerbel

Zubereitung:

1. Eiweiß und Speisestärke jeweils auf einen Teller geben. Das Filet in 5 mm starke Scheiben schneiden und von beiden Seiten zuerst in der Stärke, dann im Eiweiß wälzen.

2. Die Frühlingszwiebeln putzen und waschen. Das Weiße der Frühlingszwiebeln in Scheibchen und das Grüne in 1 cm lange Stücke schneiden.

3. Die Knoblauchzehen schälen und zerdrücken.

4. Den Kerbel waschen, trocknen und klein schneiden.

5. Den Wok erhitzen, das Öl zugeben und heiß werden lassen. Die Fleischscheiben darin von beiden Seiten bräunen, dabei salzen und pfeffern. Das Fleisch aus dem Wok nehmen und auf das Abtropfgitter des Woks legen.

6. Jetzt die Frühlingszwiebeln, den Knoblauch und noch etwas Öl in den Wok geben und unter Rühren andünsten, mit Paprikapulver bestäuben. Die Hitze reduzieren, kurz weiterrühren und mit der Sahne angießen.

7. Das Fleisch wieder in die Sauce legen, zusammen mit den Frühlingszwiebeln kurz aufkochen lassen, abschmecken, den klein geschnittenen Kerbel unterrühren und mit Reis oder Weißbrot servieren.

Bohnentopf mit Hackfleischbällchen

Zutaten:

- 200 g getrocknete weiße Bohnen
- 250 g Hackfleisch
- 2 EL Semmelbrösel
- 1 Ei
- Salz
- Cayennepfeffer
- 2 EL Olivenöl
- 1 Zwiebel
- 1 Knoblauchzehe
- 3 Lorbeerblätter
- 100 g Reis
- Salz
- 2 Karotten
- 2 Stangen Staudensellerie
- 1 Stange Lauch
- 425 ml Kidneybohnen
- 850 ml geschälte Tomaten
- einige Spritzer Worcestersauce
- 1/2 Bund Petersilie

Zubereitung:

1. Die weißen Bohnen über Nacht in ca. 3/4 l kaltem Wasser einweichen.

2. In einer Schüssel Hackfleisch, Ei und Semmelbrösel vermischen und mit Salz und Cayennepfeffer würzen, danach kleine Bällchen formen.

3. Das Öl im Wok stark erhitzen und die Fleischbällchen rundherum knusprig anbraten, aus dem Wok nehmen und beiseite stellen.

4. Die Zwiebel und den Knoblauch schälen und klein schneiden.

5. Das Fett im Wok nochmals erhitzen und Zwiebel und Knoblauch darin glasig dünsten. Die eingeweichten Bohnen mit dem Einweichwasser und den Lorbeerblättern zuschütten, mit Cayennepfeffer würzen und ca. 50 Minuten bei geschlossenem Deckel und geringer Hitze weiterkochen lassen.

6. In der Zwischenzeit den Reis in Salzwasser ca. 20 Minuten quellen lassen.

7. Die Karotten schälen und in kleine Würfel schneiden.

8. Den Staudensellerie waschen und in kleine Stücke schneiden.

9. Den Lauch putzen, waschen und in Ringe schneiden. Das vorbereitete und klein geschnittene Gemüse nach ca. 20 Minuten zu den weißen Bohnen geben.

10. 5-10 Minuten vor Ende der Garzeit den Reis durch ein Sieb abschütten, mit kaltem Wasser abspülen und zum Eintopf dazugeben. Die Kidneybohnen ebenfalls durch ein Sieb abschütten, abspülen und in den Wok geben.

11. Die Tomaten zugeben, etwas zerdrücken und die Fleischbällchen in den Eintopf zurücklegen, damit sie warm werden.

12. Mit Salz, Cayennepfeffer und Worcestersauce abschmecken.

13. Die Petersilie waschen, trocknen und die Blätter hacken.

14. Den Eintopf in einer Schüssel anrichten, mit der Petersilie bestreuen und servieren.

Karpfen auf Gemüse

Zutaten:

1 kleiner Karpfen (ca. 1 kg, küchenfertig in Stücke zerteilt)
Zitronensaft
Salz
1/4 Sellerieknolle
4 große Karotten
1 große Lauchstange
1 Zucchini
1/2 l Öl zum Frittieren
Pfeffer

Zubereitung:

1. Die Karpfenstücke waschen, trocknen, mit Zitronensaft beträufeln und salzen.

2. Die Sellerieknolle und die Karotten schälen, in ganz dünne Scheiben schneiden, die Scheiben aufeinander setzen und das Gemüse in feine Streifen schneiden.

3. Den Lauch putzen, waschen und schräg in dünne Ringe schneiden.

4. Die Zucchini waschen, trocknen und in Scheiben schneiden.

5. Den Wok stark erhitzen, das Öl darin sehr heiß werden lassen, das geschnittene Gemüse nacheinander hellbraun und kross frittieren. Aus dem Wok nehmen und das überschüssige Öl auf Küchenpapier abtropfen lassen.

6. Die Fischstücke im heißen Öl für 2-3 Minuten backen, aus dem Öl nehmen und auf dem Gitter des Woks ablegen, etwas abkühlen lassen und nochmals für 1-2 Minuten in das heiße Fett geben.

7. Das frittierte Gemüse auf eine Platte geben und die krossen Fischstücke darauf anrichten.

Mit Kartoffeln oder Reis servieren.

SOY SAUCE Ⓐ
HY BOY BRAND
1 ตราเด็กสมบูรณ์

Zanderfilets in Walnussbutter

Zutaten:

4 Zanderfilets à 200 g

für den Sud:
500 ml Wasser
4 EL Weinessig
2 Zitronenscheiben
Salz
Pfeffer
1 Lorbeerblatt

für die Sauce:
100 g Walnusskerne
1 Knoblauchzehe
125 g Butter
Salz
Pfeffer
1 EL helle Sojasauce
2 EL frische, gehackte Petersilie

Zubereitung:

1. Die Fischfilets waschen, trocknen, mit etwas Zitronensaft beträufeln und salzen.

2. Die Walnusskerne hacken.

3. Den Knoblauch schälen und durch die Knoblauchpresse drücken.

4. Die Petersilie waschen, trocknen und klein hacken.

5. Die Butter in einer Pfanne zerlassen. Die Walnusskerne und den Knoblauch in das Fett geben und so lange rühren, bis die Butter hellbraun wird.

6. Mit Salz, Pfeffer und Sojasauce würzen und zum Schluss die Petersilie einrühren. Die Sauce bei geringer Hitze warm halten.

7. Das Wasser im Wok zum Kochen bringen und Essig, Zitronenscheiben und das Lorbeerblatt einlegen. Mit Salz und Pfeffer würzen und aufkochen lassen.

8. Die Hitze reduzieren und die Fischfilets ca. 7 Minuten im Sud ziehen lassen.

9. Die Filets herausnehmen, gut abtropfen lassen, auf die vorbereiteten Teller geben und mit der Sauce übergießen.

Mit Reis servieren.

Frittierte Garnelen mit Johannisbeer-Chutney

Zutaten:

20 größere Garnelen oder Hummerkrabben
1 kleine Zucchini
1/2 Brokkoli
4 kleine Karotten
oder Gemüse nach Wahl oder nach Saison
Frittierfett

für den Teig:
1 Ei
150 g Mehl
125 ml Bier
Salz

für das Chutney:
etwas Butter
200 g Perlzwiebeln
1 EL Zucker
1 EL Johannisbeeressig
1 EL Johannisbeerlikör
300 g schwarze Johannisbeeren
Zimt
Kardamom
Pfeffer

Zubereitung:

1. Aus Ei, Mehl, Bier und Salz mit dem Handmixer einen Teig herstellen und ca. 30 Minuten ruhen lassen. In der Zwischenzeit können Sie das Chutney herstellen.

2. Die Johannisbeeren mit einer Gabel von den Stielen streifen, verlesen und waschen. Sie können hierzu auch bereits eingekochte Johannisbeeren verwenden.

3. In einem weiten Topf etwas Butter erhitzen, die Perlzwiebeln darin kurz andünsten und mit dem Zucker karamellisieren.

4. Mit Essig und Likör ablöschen und die vorbereiteten Beeren zugeben.

5. Mit Zimt, Kardamom und Pfeffer würzen und unter Rühren alles aufkochen lassen.

6. Die Garnelen waschen, Köpfe und Schalen entfernen, die Schwänze daran lassen.

7. Die Karotten, die Zucchini und den Brokkoli waschen, die Zucchini in dickere Scheiben schneiden und den Brokkoli in kleine Röschen zerteilen, die Karotten ganz lassen.

8. Etwas Küchenkrepp auslegen, damit die Garnelen und das Gemüse nach dem Frittieren darauf abtropfen können.

9. Im Wok das Fett zum Frittieren auf ca. 190° C erhitzen.

10. Die Garnelen am Schwanz fassen, in den Teig tauchen und sofort in das Fett gleiten lassen. Nur so viele Garnelen in den Wok geben, dass sie genügend Platz haben. Mit einem Schaumlöffel herausfischen und auf dem Küchenkrepp zum Abtropfen ablegen.

11. Mit dem Gemüse verfahren Sie auf die gleiche Weise. Die einzelnen Gemüse werden auf einen Holzspieß gesteckt, in den Teig getaucht und in das Fett gegeben.

12. Auf einer Platte die frittierten Speisen anrichten und mit dem Chutney und etwas Weißbrot servieren.

Das Schwarze-Johannisbeer-Chutney schmeckt auch zu warmem oder kaltem Fleisch sehr gut.

Hühnerleber mit Orangensauce

Zutaten:

500 g Hühnerleber
4 Frühlingszwiebeln
2 Knoblauchzehen
2 EL Olivenöl
200 ml Gemüsebrühe
2 Orangen (unbehandelt)
2 EL Orangensaft
2 EL helle Sojasauce
1 EL Speisestärke
einige Spritzer Worcestersauce
1/2 TL Fünf-Gewürze-Pulver
1 TL brauner Zucker
Salz
Pfeffer

Zubereitung:

1. Die Leber unter fließendem Wasser waschen, trocknen und mit einem scharfen Messer häuten.

2. Die Frühlingszwiebeln putzen, waschen und in ca. 3 cm lange Stücke schneiden.

3. Den Knoblauch schälen und klein schneiden.

4. Die Orangen mit heißem Wasser waschen, trocknen und die Schale einer Orange dünn abreiben, anschließend beide Früchte schälen, filetieren und in kleine Stücke schneiden.

5. Den Wok ohne Öl stark erhitzen, dann erst das Öl zugeben. Den Knoblauch und die Frühlingszwiebeln darin unter Rühren anbraten.

6. Die Leberstückchen zugeben und ca. 2 Minuten mitanbraten.

7. Die Orangenstücke zusammen mit der abgeriebenen Orangenschale in den Wok geben und unterrühren.

8. Mit der Brühe aufgießen und 3 Minuten bei geringer Hitze weiterkochen lassen.

9. In der Zwischenzeit den Orangensaft und die Sojasauce mit der Speisestärke vermischen und unter die Leber geben. Kurz aufkochen lassen.

10. Mit dem Fünf-Gewürze-Pulver, Salz, Pfeffer, Worcestersauce und braunem Zucker abschmecken und mit Reis servieren.

Asiatischer warmer Nudelsalat

Zutaten:

20 g getrocknete Mu Err-Pilze
200 g Hähnchenbrustfleisch
200 g Wirsing
1 Stange Lauch
1 rote Paprikaschote
1 gelbe Paprikaschote
2 Karotten
150 g Sojasprossen
2 Knoblauchzehen
160 g Bambussprossen aus dem Glas
2 EL Sesamöl
50 g Butter
Salz
Pfeffer

für die Sauce:
250 ml Gemüsebrühe
1 TL Speisestärke
3 EL helle Sojasauce
1/2 TL Sambal Oelek
1 Spritzer Sherry
1 Spritzer Essig
Salz
Pfeffer
200 g Eiernudeln
2 EL Sesamöl

Zubereitung:

1. Die Pilze ca. 30 Minuten in kaltem Wasser einweichen, gut ausdrücken und klein schneiden.

2. Die Hähnchenbrüste enthäuten und das Fleisch in feine Streifen schneiden.

3. Den Wirsing und den Lauch putzen, in feine Streifen schneiden und waschen, anschließend gut abtropfen lassen.

4. Die Paprikaschoten waschen, vierteln, entkernen und das Fruchtfleisch in feine Streifen schneiden.

5. Die Karotten schälen und ebenfalls in feine Streifen schneiden.

6. Die Knoblauchzehen schälen und durchpressen.

7. Die Bambussprossen abtropfen lassen und in dünne Streifen schneiden.

8. Den Wirsing, die Karotten und die Sojasprossen in kochendem Wasser blanchieren, durch ein Sieb abgießen, kalt abschrecken und gut abtropfen lassen.

9. Den Wok erhitzen, etwas Öl hineingeben und das Hähnchenfleisch kräftig anbraten, aus dem Wok nehmen und beiseite stellen.

10. Die Butter im Wok schmelzen lassen und die Paprikastreifen ca. 2 Minuten andünsten.

11. Das restliche geschnittene Gemüse und den Knoblauch nacheinander unter Pfannenrühren in den Wok geben und einige Zeit anbraten. Mit Salz und Pfeffer würzen. Das Gemüse muss noch Biss haben.

12. Die Nudeln mit kochendem Wasser übergießen und ca. 10 Minuten einweichen.

13. Die heiße Brühe mit Speisestärke anrühren, mit den flüssigen Gewürzen und mit Pfeffer und Salz abschmecken.

14. Ca. 2 l Salzwasser zum Kochen bringen, 2 EL Sesamöl dazugeben und die eingeweichten Nudeln ca. 4 Minuten darin garen lassen.

15. Die Nudeln durch ein Sieb abgießen, abschrecken, abtropfen lassen und in den Wok zum Gemüse geben. Die Hähnchenbruststreifen und die Brühe ebenfalls zugeben und alles gut unterheben. Nochmals erhitzen und servieren.

Gebratener Reis mit Hühnerfleisch

Zutaten:

1 Zwiebel
4 Knoblauchzehen
1 walnussgroßes Stück Ingwer
200 g Hühnerbrustfleisch
1 TL Speisestärke
1 TL Sesamöl
2 Bund Frühlingszwiebeln
1 grüne frische Chilischote
3 EL Olivenöl
1 EL Sojasauce
2 EL Sherry
Salz
Pfeffer
etwas brauner Zucker
4 Tassen gekochter Reis
2 EL Hühnerbrühe
1 Bund Schnittlauch

Zubereitung:

1. Den Reis in Salzwasser ca. 20 Minuten quellen lassen.

2. Das Hühnerfleisch in ca. 1 cm große Würfel schneiden und mit Speisestärke und Sesamöl gut vermischen.

3. Zwiebel, Knoblauch und Ingwer schälen und klein hacken.

4. Die Frühlingszwiebeln putzen und diagonal in ca. 2 cm lange Stücke schneiden, auch das Grüne.

5. Die Chilischote halbieren, die Kerne entfernen, anschließend das Fruchtfleisch ganz klein schneiden.

6. Den Wok erhitzen und das Fett darin heiß werden lassen. Das Hühnerfleisch in den Wok geben und ca. 1-2 Minuten pfannenrühren.

7. Die Zwiebel, den Knoblauch, die Chilistückchen und den Ingwer unter Rühren zugeben und anbraten.

8. Den gekochten Reis dazugeben und so lange pfannenrühren, bis alle Körner mit Öl überzogen sind.

9. Die Frühlingszwiebeln unterheben und mit Sojasauce, Sherry, Salz, Pfeffer und braunem Zucker würzen.

10. Die Brühe angießen, den klein geschnittenen Schnittlauch unterziehen und heiß servieren.

Gebratenes Hühnerfleisch mit Pak-Choi

Zutaten:

300 g Hähnchenbrustfleisch
1 TL Speisestärke
1 EL Eiweiß
1 EL Sesamöl
500 g Pak-Choi
4 getrocknete chinesische Pilze
5 Frühlingszwiebeln
2 Knoblauchzehen
2 EL frischer, gehackter Ingwer
2 EL Olivenöl
Salz
Pfeffer
etwas brauner Zucker
1 EL dunkle Sojasauce
1 EL Worcestersauce
3 EL Sherry
100 ml Hühnerbrühe
1 Bund Schnittlauch

Zubereitung:

1. Das Hühnerfleisch in ca. 1 cm dicke Streifen schneiden, in einer Schüssel mit Eiweiß, Speisestärke, 1 EL Sojasauce und Sesamöl vermischen und zugedeckt eine Stunde im Kühlschrank marinieren lassen.

2. Die Pilze mit kochendem Wasser übergießen und 30 Minuten einweichen. Anschließend die Pilze von den harten Teilen befreien und in kleine Streifen schneiden.

3. Die Frühlingszwiebeln putzen und in 1 cm dicke Ringe schneiden.

4. Den Knoblauch und den Ingwer schälen und klein hacken.

5. Das Pak-Choi-Gemüse waschen, die Enden abtrennen und bis zum grünen Blattansatz in 1 cm dicke Stücke schneiden. Die grünen Blätter in 2 cm breite Streifen schneiden.

6. Den Wok erhitzen und das Öl darin heiß werden lassen. Das Fleisch und den braunen Zucker hineingeben, ca. 1 Minute pfannenrühren und mit Salz, Pfeffer und Zucker würzen. Den Knoblauch und den Ingwer ebenfalls zugeben und mitandünsten.

7. Die Pilze und das Gemüse unterheben und ca. 2 Minuten pfannenrühren.

8. Mit Sojasauce, Worcestersauce, Sherry und Brühe angießen, aufkochen lassen und die Frühlingszwiebeln und den klein geschnittenen Schnittlauch einrühren.

Mit Reis servieren.

Gebackene Früchte

Zutaten:

2 Äpfel
2 Bananen
1 mittlere Ananas
1 EL Mehl
125 ml Pflanzenöl zum Frittieren
6 EL Zucker
1 gehäufter TL Sesamsamen

für den Teig:
125 g Mehl
1 großes Ei
8 EL Wasser
1 EL Öl

Zubereitung:

1. Das Mehl in eine Schüssel geben, das Ei aufschlagen und unter das Mehl rühren. Das Wasser zugeben und zu einem geschmeidigen Teig verarbeiten. Ca. 15 Minuten ruhen lassen, dann das Öl unterrühren.

2. Die Ananas, die Äpfel und die Bananen schälen. Alle Früchte in ca. 2-3 cm große Stücke schneiden und mit Mehl bestäuben.

3. Das Pflanzenöl in den Wok füllen und auf 180° C erhitzen. Die Fruchtstückchen nach und nach in den Teig eintauchen und ca. 3 Minuten frittieren, bis sie Farbe bekommen. Aus dem Wok herausnehmen und auf Küchenkrepp abtropfen lassen. Die Früchte können bereits einige Stunden vor dem Weiterverarbeiten frittiert werden.

4. Kurz vor dem Servieren wieder etwas Öl im Wok erhitzen, den Zucker dazugeben und unter ständigem Rühren bei mäßiger Hitze im Öl auflösen. Die vorfrittierten Fruchtstückchen dazugeben und die Sesamsamen darüber streuen. Die Fruchtstückchen so lange wenden, bis sie zur Gänze mit karamellisiertem Zucker überzogen sind.

5. Dekorativ auf einer Platte anrichten und servieren.

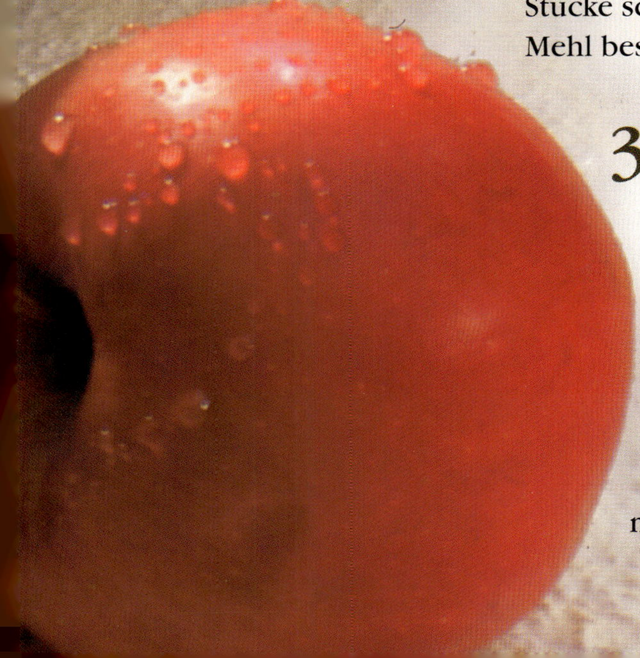

Rindersuppe mit Glasnudeln

Zutaten:

200 g Rinderhack
3 EL Sesamöl
100 g Glasnudeln
1 Knoblauchzehe
1 Bund Frühlingszwiebeln
1 gelbe Paprikaschote
1 Stückchen frischer Ingwer
2 EL Sojasauce
einige Tropfen Chiliöl
1 l Gemüsebrühe (Instant)
Salz
Pfeffer
1/2 Bund Koriandergrün

Zubereitung:

1. Die Glasnudeln mit einer Küchenschere in kurze Stücke schneiden und in lauwarmem Wasser einweichen.

2. Die Knoblauchzehe schälen und in dünne Scheiben schneiden.

3. Die Frühlingszwiebeln putzen und in feine Ringe schneiden.

4. Die Paprikaschote halbieren, die Kerne entfernen und das Fruchtfleisch in kleine Würfel schneiden.

5. Den Ingwer schälen und sehr klein würfeln.

6. Den Wok erhitzen, das Öl darin heiß werden lassen. Das Rinderhack zerbröckeln und in dem Fett unter ständigem Rühren rundherum scharf anbraten, den Knoblauch und den Ingwer kurz mitandünsten.

7. Die Paprikawürfel und die Frühlingszwiebeln in den Wok geben und mitanschwitzen. Die Glasnudeln ebenfalls in den Wok geben, mit Sojasauce und Chiliöl würzen, die Brühe angießen, durchrühren, die Temperatur reduzieren und die Suppe ca. 8 Minuten weiterkochen lassen.

8. In der Zwischenzeit das Koriandergrün waschen, trocknen und die Blätter klein hacken.

9. Die Suppe mit Salz und Pfeffer abschmecken, den Koriander dazugeben, kurz durchrühren und servieren.

Eierblumensuppe mit Krabben

Zutaten:

1 Scheibe gekochter Schinken
1 Karotte
4 Frühlingszwiebeln
1 kleines Stück Sellerie
100 g Krabben
1 l Gemüsebrühe
Salz
Pfeffer
1 Msp. Ingwerpulver
2 Eier

Zubereitung:

1. Den gekochten Schinken in dünne Streifen schneiden.

2. Die Karotte und den Sellerie schälen, die Frühlingszwiebeln putzen und das Gemüse in dünne Streifen schneiden.

3. Die Krabben unter fließendem kaltem Wasser abspülen und in einem Sieb abtropfen lassen.

4. Die Brühe im Wok zum Kochen bringen und das vorbereitete Gemüse, den Schinken und die Krabben ca. 5 Minuten bei geringer Hitze darin weiterkochen.

5. In der Zwischenzeit die Eier in einem Gefäß aufschlagen, mit Salz und Pfeffer würzen und langsam in die Suppe einlaufen lassen. Mit dem Ingwer verfeinern, salzen und pfeffern und sofort servieren.

Französische Zwiebelsuppe

Zutaten:

8 Zwiebeln	
1 Knoblauchzehe	
1 EL Kürbiskernöl	
1/2 TL frischer Thymian	
1 TL Tomatenmark	
600 ml Gemüsebrühe	
Salz	
Pfeffer	
einige Spritzer Worcestersauce	
etwas Weißwein	
1/2 Bund Petersilie	
4 TL geriebener Emmentaler	

Zubereitung:

1. Die Zwiebeln und den Knoblauch schälen, die Zwiebeln in feine Ringe und den Knoblauch in dünne Scheibchen schneiden.

2. Die Kräuter waschen, trocknen und hacken.

3. Den Wok erhitzen, das Öl darin heiß werden lassen und den Knoblauch und die Zwiebeln glasig dünsten. Nicht zu braun werden lassen.

4. Das Tomatenmark einrühren und mitdünsten.

5. Mit Gemüsebrühe angießen, aufkochen lassen, die Temperatur reduzieren und bei geschlossenem Deckel die Zwiebeln ca. 10-15 Minuten weiterkochen.

6. Mit Salz, Pfeffer, Worcestersauce und Wein verfeinern.

7. Zum Schluss den Thymian und die Petersilie einrühren, die Suppe in Suppenteller füllen und mit je einem TL geriebenen Käse bestreuen.

Mit Weißbrot und einem trockenen Weißwein servieren.

2. Variante:
Toastbrot mit etwas Butter bestreichen, geriebenen Käse darauf geben und im Backofen überbacken lassen.

Gnocchi mit Käse, Nüssen und Gemüse

Zutaten:

400 g Gnocchi
Salzwasser
500 g Brokkoli
3 EL Pinienkerne
100 g durchwachsener Speck
1/2 l Milch
1/2 TL gekörnte Gemüsebrühe
100 g Schmelzkäse
Salz
Pfeffer

Zubereitung:

1. Den Brokkoli putzen, in kleine Röschen zerteilen und waschen.

2. Den Speck in kleine Würfel schneiden.

3. Im Wok die Pinienkerne ohne Fett anrösten, bis sie duften.
Aus dem Wok nehmen und beiseite stellen.

4. In einem Topf Salzwasser zum Kochen bringen und den Brokkoli 10 Minuten darin kochen. Danach die Gnocchi zugeben und weitere 5 Minuten gar kochen. Nudeln und Brokkoli durch ein Sieb abgießen, mit kaltem Wasser abschrecken, abtropfen lassen und beiseite stellen.

5. Im Wok die Speckwürfel auslassen und die Temperatur reduzieren.

6. Mit der Milch aufgießen und mit der Gemüsebrühe würzen.

7. Den Schmelzkäse in der Milch löffelweise auflösen, etwas eindicken lassen und mit Salz und Pfeffer abschmecken.

8. Die Gnocchi und die Brokkoliröschen unterheben und alles vermischen.

9. In einer Schüssel oder auf einer Platte anrichten und mit den Pinienkernen bestreuen.

Mit frischem Tomatensalat servieren.

Frittiertes Gemüse im Teig

Zutaten:
6 kleine Karotten
200 g Brokkoli
200 g Champignons
1 Paprikaschote
2 l Salzwasser
1 Schalotte
1 Lorbeerblatt
2 Nelken
4 Pfefferkörner
4 Wacholderbeeren
100 g Maismehl
1 Prise Salz
1 Prise Muskat
1/4 l Milch
2 Eigelb
2 Eiweiß
1 Bund Petersilie
Öl zum Frittieren

Zubereitung:

1. Die Karotten schälen, den Brokkoli waschen und in kleine Röschen zerteilen, die Champignons putzen.

2. Die Paprika waschen, in Ringe schneiden und die Kerne entfernen.

3. Die Schalotte schälen und vierteln.

4. Das Salzwasser erhitzen, das vorbereitete Gemüse (die Paprikaringe müssen nicht vorgegart werden), die Zwiebel und die Gewürze wie Lorbeerblatt, Nelken, Pfefferkörner und Wacholderbeeren hineingeben und ca. 5-10 Minuten bei geringer Hitze weiterkochen lassen. Das Gemüse nach dem Vorkochen mit einem Schaumlöffel aus dem Salzwasser nehmen und auf Küchenkrepp gut abtropfen lassen.

5. Inzwischen das Mehl in eine Schüssel geben, mit Salz und Muskat würzen.

6. Die Milch und das Eigelb zugeben und zu einem glatten Teig verrühren.

7. Das Eiweiß sehr steif schlagen und unter den Teig heben.

8. Den Wok erhitzen und das Frittierfett darin sehr heiß werden lassen. Ein Holzstäbchen in das Öl tauchen, wenn Bläschen an ihm hochsteigen, ist die Temperatur erreicht.

9. Das Gemüse einzeln durch den Teig ziehen und im Wok goldgelb ausbacken.

10. Die Petersilie waschen, trockentupfen und im heißen Fett kurz frittieren. (Achtung: Es spritzt, wenn Petersilie in Fett getaucht wird!) Die frittierte Petersilie zum Garnieren verwenden.

Sauerkraut mit Steinpilzen

Zutaten:

1 Dose Sauerkraut
1 Zwiebel
1 kleiner Apfel
1 EL Öl
1 TL Kümmel
1 Lorbeerblatt
4 Wacholderbeeren
30 g getrocknete Steinpilze
100 ml Gemüsebrühe
250 ml saure Sahne
1 Bund Petersilie
Salz
Pfeffer

Zubereitung:

1. Die getrockneten Steinpilze ca. 30 Minuten in kaltem Wasser einweichen, gut ausdrücken und größere Pilze klein schneiden.

2. Zwiebel schälen und klein hacken.

3. Den Apfel schälen und in kleine Würfel schneiden.

4. Den Wok erhitzen, das Öl zugeben und die Zwiebeln und die Steinpilze darin dünsten. Die Apfelstückchen zugeben, kurz mitdünsten.

5. Das Kraut in den Wok geben, mit Salz, Pfeffer, Lorbeerblatt und Kümmel würzen und einige Minuten pfannenrühren.

6. Nun mit der Brühe angießen und das Sauerkraut ca. 30 Minuten bei geschlossenem Deckel garen.

7. Die Petersilie waschen, trocknen, die Blätter abzupfen, klein schneiden, in den Wok geben und gut durchrühren.

8. Ist das Kraut weich, die saure Sahne einrühren und mit Salz und Pfeffer abschmecken.

Mit Salzkartoffeln servieren.

Schweinebauch, gekocht in Weinsud, mit Birnenkompott

Zutaten:
800 g Schweinebauch
1 kleine Stange Lauch
1 Karotte
80 g Knollensellerie
2 Schalotten
1/2 Bund Petersilie
150 ml Weißweinessig
150 ml halbtrockener Weißwein
Salz
Pfeffer
2 Lorbeerblätter
2 Nelken
2 Wacholderbeeren

für das Birnenkompott:
5 Birnen
3 EL Butter
2 EL brauner Zucker
Salz
125 ml halbtrockener Weißwein
1 Zimtstange
1 TL Speisestärke
3 Zitronen

Zubereitung:

1. Den Lauch putzen, waschen und in ca. 5 mm dicke Ringe schneiden.

2. Die Karotte, den Sellerie und die Schalotten schälen, Karotte und Sellerie in ca. 1 cm große Würfel schneiden, die Schalotten ganz lassen.

3. Die Petersilie waschen, trocknen und hacken.

4. Essig, Wein, Gemüse, die ganzen Schalotten, die Gewürze und die gehackte Petersilie in den Wok geben und mit 1 1/2 l Salzwasser aufkochen.

5. Das Fleisch zugeben und ca. 1 Stunde bei reduzierter Hitze weiterkochen lassen.

6. Die Birnen waschen, vierteln, Kerngehäuse entfernen.

7. In einem Topf die Butter schmelzen lassen und die Birnenviertel andünsten, mit Zucker und einer Prise Salz abschmecken und mit dem Wein ablöschen. Die Zimtstange einlegen und die Birnen bei geschlossenem Topf und reduzierter Temperatur einige Minuten dünsten lassen. Die Birnen sollten jedoch nicht verkochen.

8. In der Zwischenzeit die Zitronen auspressen und den Saft mit Speisestärke glatt rühren. In das heiße Birnenkompott einlaufen lassen und aufkochen. Das Birnenkompott vom Herd nehmen und beiseite stellen.

9. Das Fleisch aus dem Sud nehmen und in Scheiben schneiden.

10. Auf Tellern anrichten, Sud und Gemüse darüber geben und mit dem Birnenkompott servieren.

Als Beilage passt dazu hervorragend Kartoffelpüree.

Schweinefilets auf Westfälische Art

Zutaten:

2 Schweinefilets à 300 g
Salz
Pfeffer
2 EL Öl

für das Gemüse:
750 g Karotten
2 Zwiebeln
etwas brauner Zucker

für die Sauce:
1-2 EL Butter
4 Scheiben Pumpernickel
125 ml dunkles Bier
250 ml Gemüsebrühe
100 g süße Sahne
2-3 EL Saucenbinder
1 EL Petersilie

Zubereitung:

1. Die Karotten schälen und in schräge Scheiben schneiden.

2. Die Zwiebeln schälen und klein hacken.

3. Die Petersilie waschen, die Blätter abzupfen und grob hacken.

4. Die Filets salzen und pfeffern.

5. Den Wok erhitzen, das Öl darin heiß werden lassen und das Fleisch von allen Seiten kurz und kräftig anbraten. Die Hitze reduzieren und die Filets ca. 10 Minuten weiterbraten, ab und zu wenden. Anschließend die Filets aus dem Wok nehmen und auf das Abtropfgitter legen oder warm stellen.

6. Die Hälfte der Zwiebeln in den Wok geben, wenn nötig, noch etwas Öl hinzugeben und die Zwiebeln andünsten.

7. Die Karotten in den Wok geben und ca. 1 Minute pfannenrühren. Mit Salz, Pfeffer und Zucker würzen und ca. 5 EL Wasser zugeben, umrühren, Deckel schließen und 10 Minuten dünsten lassen.

8. In einer separaten Pfanne die Butter schmelzen und die restlichen Zwiebeln darin dünsten.

9. In der Zwischenzeit den Pumpernickel fein zerbröseln und im Fett mit den Zwiebeln anrösten.

10. Mit Bier und der Brühe ablöschen. Die Sahne einrühren und einmal aufkochen lassen.

11. Die Sauce mit dem Saucenbinder andicken, mit Salz und Pfeffer würzen.

12. Das Fleisch in Scheiben schneiden, die Petersilie unter das Karottengemüse heben, beides auf Tellern anrichten und mit der Sauce angießen.

Ravioli mit Hackfleischsauce

Zutaten:

für den Teig:

400 g Mehl
4 große Eier
3 EL Öl
Salz
Alufolie

für die Hackfleischsauce:

1 Zwiebel
2 Knoblauchzehen
2 große Karotten
2 Stangen Staudensellerie
1 EL Olivenöl
500 g gemischtes Hackfleisch
2 EL Tomatenmark
425 g geschälte Tomaten
1 Lorbeerblatt
Pfeffer, Salz
brauner Zucker
100 ml Gemüsebrühe
3 EL geriebener Parmesan
4 EL süße Sahne

Zubereitung:

1. Auf der Arbeitsfläche Mehl, Eier, Öl und Salz zu einem glatten, geschmeidigen Teig verkneten. Den Teig in Folie wickeln und ca. 1 Stunde ruhen lassen.

2. In der Zwischenzeit Zwiebel, Knoblauch und Karotten schälen und fein würfeln.

3. Den Staudensellerie waschen und in feine, halbe Ringe schneiden.

4. Im Wok das Öl stark erhitzen und das Hackfleisch unter Rühren darin kross und krümelig anbraten. Die Zwiebel und den Knoblauch zugeben und mitandünsten.

5. Anschließend das geschnittene Gemüse einfüllen und unterrühren.

6. Tomatenmark, die geschälten Tomaten und das Lorbeerblatt in den Wok geben, die Hitze reduzieren und die Sauce etwas einkochen lassen. Anschließend mit Pfeffer, Salz, braunem Zucker würzen, abschmecken und abkühlen lassen.

7. Den Teig halbieren und beide Teile auf der bemehlten Arbeitsfläche in ca. 20 x 50 cm große Teigplatten ausrollen.

8. Die Hackfleischmasse in einem Abstand von 3 cm mit einem Teelöffel auf dem Teig verteilen. Mit einem Pinsel oder dem Finger den Teig um die Füllung mit Wasser bestreichen und die andere Teigplatte darüber legen. Die Zwischenräume mit den Fingern gut andrücken, damit die Füllung beim Kochen nicht austreten kann.

9. Die Ravioli mit einem Teigrädchen oder einem Messer ausschneiden.

10. In einem großen Topf Salzwasser zum Kochen bringen und die Ravioli darin ca. 6 Minuten gar ziehen lassen, nicht kochen.

11. Während die Ravioli garen, das übrige Hackfleisch mit der Brühe erhitzen und dabei den Käse und die Sahne einrühren.

12. Die Ravioli durch ein Sieb abschütten, mit kaltem Wasser abschrecken, abtropfen lassen und vorsichtig unter die Sauce heben.

Auf einer Platte anrichten und mit frischem Salat servieren.

Tipp:

Ravioli können auch mit speziellen Teigformen hergestellt werden. Aus der Teigplatte werden mit dem Förmchen Kreise ausgestochen, diese in die Form eingelegt, gefüllt, zugeklappt und festgepresst.

FRANCE
Bordeaux

Rindergeschnetzeltes

Zutaten:

- 500 g Rinderfilet
- 1 TL Speisestärke
- 1/2 TL Backpulver
- 2 kleine Zwiebeln
- 2 Strauchtomaten
- 3 Gewürzgurken
- 2 EL Olivenöl
- Salz
- Pfeffer
- 1 EL Olivenöl
- 1 TL edelsüßer Paprika
- 1 TL brauner Zucker
- 200 ml Rotwein
- 100 g Crème fraîche

Zubereitung:

1. Das Fleisch in 2 cm große Stücke schneiden.

2. Auf einem Teller die Speisestärke und das Backpulver vermischen und die Fleischstücke darin wälzen.

3. Die Zwiebeln schälen und in kleine Würfel schneiden.

4. Die Tomaten mit einem Messer an der Blüte einschneiden und mit kochendem Wasser übergießen, kurz im Wasser liegen lassen und häuten. Die Kerne entfernen und das Fruchtfleisch in kleine Würfel schneiden.

5. Die Gewürzgurken in sehr kleine Würfel schneiden.

6. Das Öl im Wok stark erhitzen und die Fleischwürfel darin unter Rühren knusprig anbraten, anschließend das Fleisch aus dem Wok nehmen und beiseite stellen.

7. Die Zwiebeln einfüllen, im Öl glasig dünsten, mit dem Paprika und dem Zucker bestreuen und alles durchrühren.

8. Die Tomatenstückchen und die Gewürzgurken zugeben und unter Rühren einige Zeit mitdünsten lassen.

9. Ist der Saft etwas eingekocht, mit dem Rotwein angießen. Die Temperatur reduzieren und wenn die Sauce nicht mehr kocht, die Crème fraîche unterziehen und mit Salz und Pfeffer würzen.

10. Die krossen Fleischwürfel wieder in die Sauce legen und erwärmen.

Mit Nudeln servieren.

Pikantes Rindfleisch

Zutaten:

500 g Rindfleisch
2 EL süße Sojasauce
1 EL Hoisin-Sauce
2 EL Austernsauce
3 EL trockener Sherry
1 Bund Frühlingszwiebeln
1 Chilischote
4 Knoblauchzehen
2 EL Ingwer
Salz
Pfeffer
2 EL Öl zum Anbraten

Zubereitung:

1. Das Fleisch abwaschen und in dünne Streifen schneiden.

2. Aus der Sojasauce, der Hoisin-Sauce, der Austernsauce und dem Sherry eine Marinade herstellen, die Fleischstückchen unterrühren und ca. 1 Stunde in den Kühlschrank stellen.

3. Die Frühlingszwiebeln putzen und in 2 cm lange Stücke schneiden.

4. Die Chilischote halbieren, die Kerne entfernen und in feine Streifen schneiden.

5. Den Knoblauch und den Ingwer schälen, die Knoblauchzehen in grobe Stücke schneiden und den Ingwer fein hacken.

6. Den Wok erhitzen, das Öl hineingeben, das Fleisch aus der Marinade nehmen, gut abtropfen lassen und im Wok scharf anbraten.

7. Den Knoblauch und den Ingwer zum Fleisch geben, ca. 1 Minute pfannenrühren, mit der Marinade aufgießen, die Frühlingszwiebeln und die Chilistreifen dazugeben, kurz andünsten lassen und mit Salz und Pfeffer abschmecken.

Mit Reis oder Glasnudeln servieren.

Rindfleisch mit Kohlrabigemüse

Zutaten:

700 g Rindergulasch
1 Lorbeerblatt
1 Zwiebel
Salz
Pfeffer
500 g Kohlrabi
1 Zwiebel
2 EL Butter
2 EL Mehl
3/4 l Fleischbrühe
200 ml Schmand
3 EL Meerrettich
frischer Meerrettich
Petersilie

Zubereitung:

1. Die Zwiebel schälen und vierteln.

2. Das Fleisch waschen und mit 1 l kaltem Wasser, Lorbeerblatt, Zwiebel, Salz und Pfeffer zum Kochen aufsetzen und ca. 60 Minuten garen lassen.

3. In der Zwischenzeit die Kohlrabi schälen, zuerst in ca. 5 mm starke Scheiben, dann in 5 mm starke Stifte schneiden.

4. Die Zwiebel schälen und klein schneiden.

5. Ist das Fleisch gar, im Wok die Butter erhitzen und die Zwiebel darin glasig dünsten.

6. Die Kohlrabistreifen in den Wok geben und ca. 10 Minuten pfannenrühren.

7. Die Kohlrabi mit Mehl bestäuben, unterrühren, mit der Brühe angießen und die gegarten Fleischstücke anschließend zugeben.

8. Die Hitze reduzieren und die Kohlrabi weiterkochen lassen, bis die Stifte weich sind, aber noch Biss haben.

9. Den Schmand einrühren und mit Meerrettich abschmecken.

10. Auf einer Platte servieren, mit Petersilie dekorieren und frischen Meerrettich darüber hobeln.

Dazu schmecken Salzkartoffeln.

Lamm in Lauch

Zutaten:

500 g ausgelöster Lammrücken
1 große Gemüsezwiebel
2 Knoblauchzehen
2 große Lauchstangen
1/4 Sellerieknolle
1 rote getrocknete Chili
3 EL Olivenöl
Salz
Pfeffer
brauner Zucker
einige Spritzer Worcestersauce
4 EL Sherry
3-4 EL Gemüsebrühe

Zubereitung:

1. Das Fleisch in feine Streifen schneiden.

2. Die Zwiebel und den Knoblauch schälen und klein schneiden.

3. Den Lauch putzen, waschen und schräg in dünne Ringe schneiden.

4. Den Sellerie schälen, zuerst in dünne Scheiben schneiden, dann die Scheiben übereinander legen, anschließend in ganz feine Streifen schneiden.

5. Die Chilischote der Länge nach aufschneiden und die Kerne entfernen.

6. Den Wok ohne Öl erhitzen, dann erst das Öl einfüllen. Das Fleisch für einige Minuten darin pfannenrühren, bis es gut angebraten und durch ist.

7. Je die Hälfte Zwiebeln und Knoblauch zugeben und mitandünsten.

8. Das Fleisch aus dem Wok nehmen, auf einen Teller geben und warm stellen.

9. Die restlichen Zwiebeln und Knoblauch sowie die in einem Mörser zerdrückte Chili, den Lauch und den Sellerie hineingeben und unter ständigem Rühren in ca. 2-3 Minuten garen.

10. Das Gemüse mit Salz, Pfeffer, Zucker, Worcestersauce und Sherry würzen und mit Gemüsebrühe angießen.

11. Das Fleisch wieder zurück in den Wok geben und den Eintopf noch ca. 2 Minuten pfannenrühren.

Auf einer Platte anrichten und mit Kartoffeln oder Reis servieren.

Lammfleisch mit Bohnen

Zutaten:

750 g Lammfleisch
Salz
Pfeffer
2 Tomaten
4 EL Olivenöl
1 Zwiebel
2 Chilis
2 Knoblauchzehen
1 EL Thymian
1 1/2 l Fleischbrühe
500 g Stangenbohnen
500 g Kartoffeln
2 EL Koriander

Zubereitung:

1. Das Fleisch waschen, mit Küchenkrepp trockentupfen, in Würfel schneiden, salzen und pfeffern.

2. Die Zwiebel schälen und klein schneiden, den Knoblauch schälen und zerdrücken.

3. Die Chilis entkernen und zerkleinern.

4. Die Tomaten an der Blüte über Kreuz einschneiden, mit kochendem Wasser übergießen, im Wasser kurz liegen lassen, häuten und das Fruchtfleisch klein schneiden.

5. Den Wok erhitzen, das Öl darin heiß werden lassen und die Fleischwürfel darin anbraten.

6. Die Zwiebel, die Chilis, den Knoblauch, die Tomaten und den Thymian zum Fleisch geben und mitandünsten.

7. Mit der Fleischbrühe angießen und ca. 75 Minuten zugedeckt garen.

8. In der Zwischenzeit die Bohnen putzen, waschen und in kleine Stücke schneiden.

9. Die Kartoffeln schälen und würfeln.

10. Die Bohnen, die Kartoffeln und den Koriander 20 Minuten vor Ende der Garzeit zugeben. Mit Salz und Pfeffer abschmecken, alles durchrühren und mit geschlossenem Deckel fertig garen.

11. Vor dem Servieren mit Kräutern garnieren.

Orientalischer Kanincheneintopf

Zutaten:

600 g Kaninchenfleisch
10 entsteinte Datteln
2 EL Olivenöl
2 kleine Zwiebeln
2 Knoblauchzehen
1 EL Tomatenmark
200 ml Brühe
Salz
Pfeffer
1 TL gemahlener Ingwer
1/4 TL gemahlener Zimt
50 g Rosinen
1 TL Piment
3 TL Zitronensaft
1 EL getrocknete Minze
Pinienkerne

Zubereitung:

1. Das Fleisch waschen, trockentupfen und in ca. 3 cm große Würfel schneiden.

2. Die Zwiebeln und den Knoblauch schälen, die Zwiebeln klein hacken, den Knoblauch mit einem großen Messer zerdrücken und klein schneiden.

3. Die Datteln ebenfalls in kleine Stücke schneiden.

4. Den Wok erhitzen, das Öl darin heiß werden lassen und das Fleisch kross anbraten.

5. Die Zwiebeln und den Knoblauch zugeben und glasig dünsten.

6. Das Tomatenmark einrühren, anschwitzen lassen und mit der halben Menge der Brühe ablöschen.

7. Datteln, Rosinen, die Minze und den Zitronensaft dazugeben und mit Salz, Pfeffer, Ingwer, Piment und Zimt würzen und alles gut vermengen.

8. Den Eintopf ca. 45 Minuten bei geschlossenem Deckel leicht schmoren lassen. Nach und nach die restliche Brühe nachgießen.

9. Vor dem Servieren den Eintopf mit den Pinienkernen bestreuen.

Dazu passt hervorragend Reis.

Kaninchen französische Art

Zutaten:

1 Kaninchen
2 kleine Karotten
5 Schalotten
2 Stiele Staudensellerie
1 Stück Petersilienwurzel
8 EL Öl
250 ml Rotwein
100 g Crème fraîche
2 EL frisches Basilikum
4 frische Thymianzweige
Salz
Pfeffer
Rosmarinzweige

Zubereitung:

1. Das Kaninchen zerlegen, die Filets auslösen und die Leber säubern. Die Bauchlappen, Rippen und Kaninchenknochen zerteilen und beiseite stellen.

2. Den Wok erhitzen und 4 EL ÖL darin heiß werden lassen. Die Bauchlappen und die zerkleinerten Knochen darin von allen Seiten anbraten, jedoch keine Farbe bilden lassen.

3. Die Karotten, Staudensellerie und die Petersilienwurzel waschen, die Schalotten und das Gemüse schälen und in kleine Stücke schneiden.

4. Die Gemüsestücke zugeben und andünsten lassen, mit dem Wein und 1/2 l Wasser angießen. Bei offenem Deckel und reduzierter Temperatur ca. 60 Minuten weiterkochen lassen, damit die Flüssigkeit einkocht.

Nach dieser Zeit den Bratenfond durch ein feines Sieb abgießen und in einem Topf auffangen.

5. Im Wok weitere 4 EL Öl erhitzen, die Kaninchenteile und die Filets ringsum goldbraun anbraten.

6. Die Leber dazugeben und weitere zwei Minuten von jeder Seite braten.

7. Den abgeseihten Bratenfond dazugeben und bei geringer Hitze ca. 45 Minuten garen lassen.

8. Das Basilikum und die Thymianzweige waschen, trocknen, klein hacken und zum Kaninchen dazugeben.

9. Das Kaninchenfleisch aus dem Wok nehmen und warm stellen.

10. Die Crème fraîche in die Sauce einrühren und mit Salz und Pfeffer abschmecken.

11. Auf einer Platte anrichten, mit Rosmarinzweigen garnieren und mit der Sauce und Salzkartoffeln servieren.

Gedünstete Lachsforelle auf Gartengemüse

Zutaten:

- 1 Lachsforelle
- 1 Zitrone
- 1 mittelgroße Zucchini
- 1 Kohlrabi
- 1 Bund Frühlingszwiebeln
- 2 große Karotten
- 2 EL Butter
- 50 ml Brühe
- 1 Bund Dill
- Salz
- Pfeffer
- Zucker

Zubereitung:

1. Die Lachsforelle waschen, säubern und filetieren und jedes Filet in zwei schmale Streifen schneiden. Überflüssiges Fleisch entfernen. Aus den Filetstreifen jeweils einen Knoten formen, mit Zitronensaft beträufeln, mit je einer Prise Salz und Pfeffer würzen und in den Kühlschrank stellen.

2. Das Gemüse putzen. Die Zucchini in Streifen von 1 cm schneiden. Den Kohlrabi und die Karotten schälen, den Kohlrabi klein würfeln und die Karotten in dünne Scheiben schneiden. Die Frühlingszwiebeln halbieren und in 3 cm lange Stücke schneiden. Den Dill grob hacken.

3. Butter in einem Topf oder Wok erhitzen, das Gemüse hineingeben und leicht andünsten. Mit der Brühe ablöschen und je eine Prise Salz, Pfeffer und Zucker und etwas Dill dazugeben.

4. Die Lachsfilets auf das Gemüse setzen und den Topf mit einem Deckel verschließen, ca. 10 Minuten dünsten.

5. Danach die Lachsfilets vorsichtig vom Gemüse herunternehmen und auf einem Teller warm stellen. Das Gemüse abschmecken und auf Tellern anrichten, die geknoteten Lachsfilets darauf setzen und servieren.

Dazu passen hervorragend Kartoffelrösti.

Täschchen mit Lachsfüllung

Zutaten:

200 g Lachsfilet
250 g Mehl
2 Eier
Salz
Wasser
1/2 Bund Dill
2 Eiweiß
4 EL Crème fraîche
Pfeffer
2 Stangen Lauch
1 EL Olivenöl
1/4 l Gemüsebrühe
50 g Hummersuppenpaste
2 EL eingelegter grüner Pfeffer
Mehl zum Ausrollen

Zubereitung:

1. Den Fisch kurz gefrieren (das ist wichtig, damit er sich anschließend gut pürieren lässt).

2. In einer Schüssel Mehl, 2 Eier, Salz und ausreichend kaltes Wasser verkneten, damit ein geschmeidiger Teig entsteht. Den Teig anschließend zugedeckt ca. 30 Minuten ruhen lassen.

3. Den Dill waschen, trocknen und fein hacken.

4. Den Lauch waschen, trocknen und in 3 cm lange, schräge Stücke schneiden.

5. Ein Eiweiß sehr steif schlagen.

6. Den angefrorenen Fisch pürieren und mit 2 EL Crème fraîche, Dill und Eischnee leicht verrühren. Mit Salz und Pfeffer würzen.

7. Die Arbeitsfläche mit Mehl bestäuben und den Nudelteig ca. 3 mm dünn ausrollen. Mit einem Ausstecher oder einem Glas im Durchmesser von ca. 8 cm Teile ausstechen.

8. Je einen Teelöffel von der Lachsfüllung in die Mitte setzen, die Ränder mit Eiweiß bestreichen und die Teigplättchen zu Halbmonden zusammenlegen. An den Rändern gut festdrücken, damit die Füllung nicht austreten kann.

9. Salzwasser zum Kochen bringen und die Teigtäschchen ca. 10 Minuten in nur noch leicht siedendem Wasser garen.

10. Den Wok erhitzen, das Fett darin heiß werden lassen und die Lauchstücke darin ca. 5 Minuten andünsten lassen. Mit der Schaumkelle den Lauch aus dem Wok nehmen und warm stellen.

11. Die Brühe in den Wok geben und die Suppenpaste einrühren, einmal aufkochen lassen.

12. Die restliche Crème fraîche einrühren, die Sauce etwas pfeffern.

13. Die Teigtäschchen durch ein Sieb abgießen, mit kaltem Wasser abschrecken, gut abtropfen lassen und in den Wok zu der Sauce geben. Alles leicht unterheben und mit dem Lauchgemüse servieren.

Schollenfilets in Krabbensauce

Zutaten:

4 Schollenfilets
Zitronensaft
Salz
Pfeffer
1 Bund Dill
250 g Krabben
300 ml trockener Weißwein
2 EL Zitronensaft
2 EL Butter
2 EL Mehl
80 ml Kondensmilch
1 Eigelb

Zubereitung:

1. Die Fischfilets waschen, trocknen, mit etwas Zitronensaft beträufeln und mit Salz und Pfeffer würzen, ca. 10 Minuten ruhen lassen.

2. Den Dill waschen, trocknen und klein schneiden.

3. Die Filets auf einem Brett auslegen und mit ein paar Krabben und etwas Dill belegen. Die Schollenfilets zusammenrollen und mit einem Zahnstocher zusammenstecken.

4. Im Wok Wein und Zitronensaft zum Kochen bringen, den Dünsteinsatz hineingeben und die Hitze reduzieren.

5. Die Fischröllchen zum Dünsten in den Wok geben und ca. 10 Minuten garen, bis das Fleisch weiß und fest ist. Anschließend die Fischröllchen auf das Gitter des Woks setzen und warm halten.

6. In einer separaten Pfanne Butter schmelzen und das Mehl darin hell anschwitzen, mit dem Fischfond und etwas Kondensmilch ablöschen und aufkochen lassen.

7. Das Eigelb mit der restlichen Kondensmilch und etwas heißer Sauce verschlagen und die Sauce damit binden. Achtung! Die Sauce darf dabei nicht mehr kochen.

8. Die verbliebenen Krabben und den Dill zur Sauce geben und mit Salz und Pfeffer abschmecken.

9. Die Fischröllchen wieder in die Sauce setzen und nochmals vorsichtig erwärmen.

Mit Reis oder Nudeln servieren.

Seezungenfilets mit Kapern

Zutaten:

4 Seezungenfilets
1/2 Zitrone
1 Schalotte
1 Bund Petersilie
3 gehäufte EL Kapern
4 EL Butter
Salz
Pfeffer
1-2 EL Mehl
2 EL Rotweinessig

Zubereitung:

1. Die Filets mit Zitronensaft beträufeln, salzen, in den Kühlschrank stellen und etwas ziehen lassen.

2. Die Schalotte schälen und klein hacken.

3. Die Petersilie waschen, trocknen und klein schneiden.

4. Die Kapern ebenfalls klein hacken.

5. Die Filets pfeffern und in Mehl wenden, das überschüssige Mehl abklopfen.

6. Den Wok erhitzen, 3 EL Butter darin schmelzen und heiß werden lassen, bis sie braun ist. Wenn die Butter aufschäumt, die Fischfilets einlegen und von beiden Seiten je 2 Minuten braten, aus dem Wok nehmen, auf eine vorgewärmte Platte legen und abdecken.

7. Die restliche Butter im Wok erhitzen, bis sie haselnussbraun ist. Zwiebeln, Kapern und Petersilie hineingeben und die Temperatur damit etwas absenken. Ca. 1/2 Minute alles durchrühren und mit dem Essig ablöschen.

8. Die heiße Butter über den Fischfilets verteilen und sofort servieren.

Als Beilage sind Petersilienkartoffeln oder Kartoffelsalat zu empfehlen.

Karpfen auf kantonesische Art

Zutaten:

1 Karpfen 1,5 kg
2 Knoblauchzehen
2 EL Ingwer
4 EL süße Sojasauce
2 EL Honig
4 EL Olivenöl
3 EL Speisestärke
4 getrocknete Mu Err-Pilze
2 Karotten
4 Frühlingszwiebeln
1 rote Chilischote
1 gelbe Paprikaschote
1 rote Paprikaschote
1 Fenchel
3 Ananasscheiben
2 EL brauner Zucker
2 EL Tomaten-Ketschup
Salz
Pfeffer
2 EL Öl zum Anbraten

Zubereitung:

1. Den Karpfen unter fließendem, kaltem Wasser waschen, filetieren und in mundgerechte Stücke schneiden.

2. Die Knoblauchzehen und den Ingwer schälen, fein hacken und gemeinsam mit der Sojasauce, dem Honig, dem Olivenöl und der Speisestärke in eine Schüssel geben, mit den Fischstückchen vermischen und in den Kühlschrank stellen.

3. Die getrockneten Pilze ca. 30 Minuten in heißem Wasser einweichen und dann in mundgerechte Stücke schneiden.

4. Die Karotten schälen und in Scheiben schneiden.

5. Die Frühlingszwiebeln putzen und in 3 cm lange Stücke schneiden.

6. Die Chilischote und die Paprikaschoten längs halbieren, die Kerne entfernen und in Streifen schneiden.

7. Den Fenchel putzen und in Streifen schneiden.

8. Die Ananasscheiben in Stücke schneiden.

9. Öl in einem Wok erhitzen, die Fischstückchen darin nacheinander knusprig anbraten und auf das Abtropfgitter des Woks legen.

10. Die Karotten, die Pilze, die Paprikaschoten und den Fenchel in den Wok geben und ca. 1 Minute pfannenrühren.

11. Das Tomaten-Ketschup dazugeben, den Zucker darüber streuen und so lange rühren, bis der Zucker karamellisiert ist.

12. Dann die Chilischote, die Ananasstückchen und die Frühlingszwiebeln dazugeben, mit der Fischmarinade aufgießen, ca. 3-4 Minuten dünsten lassen und mit Salz, Pfeffer und Sojasauce abschmecken.

13. Das Gemüse auf die Teller verteilen und die Fischstücke darauf legen.

Curryhuhn mit Früchten

Zutaten:

- 1 Brathähnchen
- Salz
- Pfeffer
- 2 EL Olivenöl
- 1 Banane
- 1 Apfel
- 1/2 Zitrone (Saft)
- 1 kleine Dose Mandarinen
- 1 kleine Dose Sauerkirschen
- 1 Becher süße Sahne
- Salz
- Pfeffer
- 3 EL Curry

Zubereitung:

1. Das Hähnchen zerlegen und mit Salz und Pfeffer gut einreiben.

2. Die Banane schälen, in Scheiben schneiden und mit Zitronensaft beträufeln.

3. Den Apfel schälen, das Kerngehäuse entfernen, in kleine Stückchen schneiden und ebenfalls mit Zitronensaft beträufeln.

4. Den Wok ohne Öl stark erhitzen, dann erst das Öl zugeben. Die Hähnchenteile darin ca. 15-20 Minuten knusprig anbraten.

5. Während das Hähnchen von allen Seiten anbrät, die Dosen öffnen und die Früchte durch ein Sieb abschütten. Den Saft dabei in Gläsern auffangen.

6. Sind die Hähnchenteile gar, das Gitter in den Wokrand einhängen und die Fleischteile darauf ablegen.

7. Die Äpfel, Mandarinen und Sauerkirschen in den Wok geben und 2-3 Minuten dünsten lassen. Nach dieser Zeit die Banane zugeben und die Früchte weitere 2 Minuten unter leichtem Rühren dünsten, die Temperatur etwas reduzieren.

8. Die Sahne angießen und mit Salz, Pfeffer und Curry würzen. Zum Verfeinern der Sauce können Sie je nach Geschmack den Fruchtsaft verwenden.

9. Die Hähnchenteile in die Sauce legen und erwärmen.

Hähnchen mit Zucchini und Mandeln

Zutaten:

4 Hähnchenbrustfilets
2 kleine Zucchini
1 Tomate
1 Zitrone (Schale und Saft)
1 EL frischer Ingwer
2 EL frische Petersilie
1 EL Olivenöl
2 TL Tomatenmark
200 ml Geflügelbrühe
80 g Mandelstifte
1/4 TL Kardamom
1 Msp. Cayennepfeffer
Salz
Pfeffer

Zubereitung:

1. Das Hähnchenfleisch waschen, trocknen und in ca. 3 cm große Stücke schneiden.

2. Die Zucchini waschen und in 1 cm große Stücke schneiden.

3. Die Tomate an der Blüte über Kreuz einschneiden, mit kochendem Wasser übergießen, im Wasser kurz liegen lassen, häuten und das Fruchtfleisch klein schneiden.

4. Den Ingwer schälen und sehr fein hacken.

5. Die Petersilie waschen, trocknen und klein schneiden.

6. Die Zitrone mit heißem Wasser waschen, die gelbe Schale dünn abreiben und den Saft auspressen.

7. Den Wok stark erhitzen, das Öl zugeben und sehr heiß werden lassen. Die Hähnchenstücke von beiden Seiten knusprig anbraten, dann auf dem Abtropfgitter des Woks warm halten.

8. Die Zucchini- und die Tomatenstücke, den Ingwer und das Tomatenmark in den Wok geben und pfannenrühren, mit der Geflügelbrühe ablöschen und die Mandelstifte dazugeben.

9. Die Sauce mit Salz, Pfeffer, Kardamom, Cayennepfeffer, Zitronenschale und Zitronensaft abschmecken.

10. Kurz vor dem Anrichten die Petersilie einrühren.

11. Die Hähnchenstücke mit dem Gemüse auf Tellern anrichten und mit Nudeln servieren.

Geflügel in Nusssauce

Zutaten:

4 Geflügelbrüstchen	
3 EL Öl	
1 Schalotte	
1 Chili	
Salz	
Pfeffer	
1 Prise Piment	
150 ml Hühnerbrühe	
3 Tomaten	
100 g Erdnusskerne	
100 ml trockener Weißwein	

Zubereitung:

1. Die Geflügelbrüstchen waschen, mit Küchenkrepp trocknen, salzen und pfeffern.

2. Den Wok erhitzen, das Öl darin heiß werden lassen und das Geflügelfleisch ca. 5 Minuten auf jeder Seite anbraten. 75 ml Hühnerbrühe zugießen.

3. In der Zwischenzeit die Schalotte schälen und klein schneiden.

4. Die Chili der Länge nach halbieren, die Kerne entfernen und das Fruchtfleisch klein schneiden.

5. Nach ca. 20 Minuten die Geflügelbrüstchen aus dem Wok nehmen und auf dem Abtropfgitter des Woks warm halten.

6. Im vorhandenen Bratfett Schalotten, Chili und die Gewürze andünsten, bis die Schalotten glasig sind.

7. Die Tomaten, die Erdnüsse und die restliche Brühe in den Mixer geben und pürieren.

8. Die Sauce zu dem Bratenfond gießen, den Wein unterrühren und etwas einkochen lassen. Mit Salz abschmecken.

9. Die Geflügelbrüstchen zurück in die Sauce legen und mit Nudeln servieren.

Krapfen

(für ca. 30 Stück)

Zutaten:

250 ml Milch
30 g Zucker
1 Würfel frische Hefe
500 g Mehl
2 Eier
60 g Butter
1 Prise Salz
1 ungespritzte Zitrone
Mehl zum Ausrollen
150 g Konfitüre (z. B. Aprikosen, Hagebutten)
1 kg Frittierfett
Puderzucker zum Bestäuben

Zubereitung:

1. Die Hälfte der Milch leicht erwärmen und in einer Schüssel die warme Milch, Zucker und die Hefe verrühren.

2. Das Mehl in eine Schüssel geben und in die Mitte eine Mulde drücken. Die Milch-Hefe-Mischung in die Mulde geben und mit etwas Mehl leicht anrühren. Diesen Vorteig zugedeckt an einem warmen Ort gehen lassen.

3. Jetzt die restliche Milch, Eier, Butter, Salz und Zitronenschale zugeben und mit dem Knethaken des Handrührgerätes oder der Küchenmaschine zu einem glatten Teig verarbeiten. An einem warmen Ort zugedeckt ca. 30 Minuten gehen lassen.

4. Auf der bemehlten Arbeitsfläche den Teig ca. 1 cm dick ausrollen.

5. Mit einem Ausstecher (Durchmesser ca. 6,5 cm) Kreise schön eng aneinander ausstechen. Teigreste können ohne weiteres nochmals verknetet, ausgerollt und ausgestochen werden.

6. Auf jeden Kreis in die Mitte mit einem Teelöffel einen Klecks Konfitüre setzen. Den Teig über der Konfitüre zusammenfalten, zudrücken und kleine Kugeln formen.

7. Die Kugeln auf ein sauberes, ausgebreitetes, mit etwas Mehl bestäubtes Küchentuch legen, mit einem zweiten Küchentuch abdecken und nochmals ca. 15 Minuten gehen lassen.

8. In der Zwischenzeit das Fett im Wok erhitzen, das Abtropfgitter am Rand des Woks einhängen.

9. Ist das Fett sehr heiß (Probe mit dem Holzstäbchen machen, wenn Bläschen aufsteigen, hat das Fett die richtige Temperatur), die Krapfen darin ca. 1 Minute goldbraun ausbacken, mit der Schaumkelle herausnehmen und auf das Abtropfgitter legen, damit das Fett abtropfen kann.

10. Die fertigen Krapfen auf eine Platte legen und im noch heißen Zustand mit Zucker bestäuben.

Frittierte Apfelschnecken

(für ca. 16 Stück)

Zutaten:

1 Würfel frische Hefe
1/8 l Milch
500 g Mehl
180 g Zucker
1 Prise Salz
50 g weiche Butter
1 Ei
750 g Boskoop-Äpfel
1 TL Zimt
1 EL Zitronensaft
1 Eiweiß
1 kg Frittierfett

Zubereitung:

1. Die Milch erwärmen und die Hefe darin auflösen.

2. In einer Schüssel Mehl, 50 g des Zuckers und Salz vermischen, in die Mitte eine Mulde drücken und die Hefemischung hineingeben. Mit etwas Mehl bestäuben und den Vorteig zugedeckt ca. 30 Minuten an einem warmen Ort gehen lassen.

3. Jetzt Butter und Ei zugeben und alles zu einem glatten Teig verkneten. Zugedeckt nochmals ca. 30 Minuten an einem warmen Ort gehen lassen.

4. In der Zwischenzeit die Äpfel schälen, in Stückchen schneiden und in einer Schüssel mit 30 g Zucker, Zimt und Zitronensaft vermischt ca. 10 Minuten ziehen lassen.

5. Auf der bemehlten Arbeitsfläche den Teig zu einem Rechteck ca. 45 x 30 cm ausrollen, die Äpfel darauf verteilen und die Teigplatte von der Querseite her aufrollen. Den Teigrand mit Eiweiß bestreichen und gut andrücken.

6. Die Rolle in ca. 1 1/2 cm dicke Scheiben schneiden und die Schnecken auf bemehlten Küchentüchern ca. 15 Minuten gehen lassen. Zwischen den einzelnen Schnecken genügend Abstand lassen.

7. In der Zwischenzeit den Wok erhitzen, das Fett darin sehr heiß werden lassen.

8. Die Apfelschnecken nacheinander in das heiße Fett gleiten lassen und goldgelb ausbacken. Auf dem Abtropfgitter abtropfen lassen und noch heiß in Zucker wälzen.

Gefüllte Birnen

Zutaten:

- 4 große Williams-Christ-Birnen
- 2 EL Zitronensaft
- 100 g Roquefort-Käse oder Schimmelkäse nach Belieben
- 2 TL trockener Sherry
- Mehl
- 1 Ei
- Paniermehl
- Frittierfett

zum Garnieren:

- eingekochte Preiselbeeren
- etwas Zitronenmelisse

Zubereitung:

1. Die Birnen schälen, halbieren, das Kerngehäuse entfernen und mit Zitronensaft beträufeln, damit sie nicht braun werden.

2. In einer Schüssel den Käse mit Sherry gut verrühren und die Birnenhälften mit der Mischung füllen.

3. Die Birnenhälften mit etwas Mehl bestäuben und wieder zusammensetzen.

4. In der Zwischenzeit den Wok erhitzen und das Frittierfett darin sehr heiß werden lassen.

5. Zum Panieren der Birnen: Das Ei in einem tiefen Teller verquirlen, auf einen anderen Teller etwas Mehl und auf einen dritten Teller etwas Paniermehl geben. Die wieder zusammengesetzten Birnen zuerst in Mehl, anschließend in Ei und zum Schluss in Paniermehl wenden. Überschüssiges Paniermehl gut abklopfen.

6. Ist das Fett richtig heiß, die Birnen ca. 4 Minuten ausbacken.

7. Die frittierten Birnen auf das Abtropfgitter des Woks stellen und das überschüssige Fett abtropfen lassen.

8. Anschließend die Birnen auf Tellern anrichten, mit etwas Puderzucker bestreuen und mit den Preiselbeeren und der Zitronenmelisse dekorieren.

SACHREGISTER

REZEPTREGISTER

Wir danken für die freundliche
Unterstützung der Firmen:
Fissler GmbH, Idar-Oberstein
SIGG/Spring GmbH, Konstanz
Villeroy & Boch, Merzingen
Waechtersbach, Brachttal

Genehmigte Lizenzausgabe
Edition XXL GmbH
Fränkisch-Crumbach, 2004

Text: Gabriela Poggenpohl
Fotos: Gerhard Poggenpohl
Food-Styling: Julia Korus
Reproduktion: repro.art GmbH

ISBN 3-89736-084-5